ガーナ流
家族のつくり方

世話する・される者たちの生活誌

The Practices of Stretching "Family"
in Modern Ghana and Myself

小佐野アコシヤ有紀
Akosua Yuki Osano

どこにでもある家族関係について

夜中二時半ごろ、真っ暗な部屋にWhatsApp Messengerの着信音が鳴り響く。「ハロー」とも「ふにゃあ」ともつかない声で電話を取ると、ガタガタという雑音とともにフェリシアの声がきこえてきた。

「有紀、元気にしてる？　私はね、アッシャーマンの兄のところで、子どもたちにお夕飯のバンクゥをつくっているところよ」

夕方の中庭で、ほの暗いピンク色の空気の中、炭火にかけた大鍋を前に彼女は座っている。長い布を器用に巻いてブレーズ状の髪をまとめ、手には大きな杓子を持っているだろう。大鍋の取手からは鉤が付いた棒が伸びていて、彼女はそれを素足で握るように固定する。そして上半身すべてを使いながら、お湯にふやけたキャッサバ粉（熱帯性のイモの一種をすりおろして少し発酵させたもの）とトウモロコシ粉を練るのだ。じきに生地は弾力を持ち、杓子を持つ手が重たくなってくる。そろそろ仕上げの頃合いだ。フェリシアが生地をビニール袋に小分けしてくるくると袋口を回し、バンクゥを成型する手つきは、いつ見ても無駄がなく洗練されていた。

今、遠く離れた日本にいる私に、その姿は見えない。でもフェリシアの声をきくと、ガーナの湿った空気が、そのなかにたっぷり含まれた生活のにおいが、鼻腔の奥からよみがえってくるように感じるのだ。ついでに彼女が微笑んでいることも、わかる。

フェリシアは、私の姉である。子ども好きで面倒見のよいフェリシアは、留学生だった私のこともずいぶん甲斐甲斐しく世話してくれた。「夜だけじゃなくて、朝もシャワーを浴びなきゃだめよ」「もっといい靴を履かなきゃ！　それじゃお便所サンダルでしょ」「シチューのお肉は骨まで噛んで食べなさいっ」。彼女の小言がガーナでの私をつくり上げたと言っても過言ではない。

それにしても、二〇一八年八月から二〇一九年六月のガーナ留学を終えて、もう三年半もの月日が経ってしまった。当時大学三年生だった私は社会人になり、実はひとつ年下（！）のフェリシアも、先日晴れて大学を卒業した。それ以外にも、ある日の電話で突然彼氏を紹介されたり、以前はフェリシアの腕の中にいた子どもが電話口で挨拶してくれるようになったり、人生は刻々と移ろっている。ガーナに行けなかった三年半の間に、私はフェリシアの人生におけるたくさんの大事な瞬間を逃してしまったようだ。しかしそれでも私たちの世界は続き、そしてつながっている。

この本は、ガーナの血縁を超えた家族関係をテーマにした〝ノンフィクション〟だ。それはまた、現地でのフィールドワークを通じて、私自身がそれまで抱いてきた理想の家族像を問い直し、周囲との関係性を再構築していく再生の物語でもある。

山に囲まれた地域で、親族と日常的に顔を突き合わせながら暮らしてきた私にとって、家族とは「血でつながった温かくて親しい人たち」のことだった。というよりも、そういうものだと自分に言い聞かせ、例外には目を瞑りながら生きてきたと言った方が正しいかもしれない。

しかし、そんな私の思い込みは、ガーナでのフィールドワークによって鮮やかに打ち破られる。現地の人々にとっての家族関係は、日々世話すること・されることを通じて血縁を超えてつくり上げられていく、流動的なものだったからだ。愛を与えることも奪われることも恐れない彼らは、ある日ポッと現れた私すらも、躊躇なく家族のつながりに巻き込んでいった。

彼らとともに生活するうちに、私はそのような家族関係がどのようなプロセスで形成され、継続されていくのかに強い興味を持つようになった。そしてこの点を、フィールドの人々の人生についての語りを通じて明らかにしたいと考えたのである。そのことを伝えると、フィールドの人々は鷹揚な態度で応えてくれた。「いいことも悪いことも、すべては過ぎたこと。そして私の人生について知っているのは私だけじゃないんだから、（あなたに共有するのも）ただ普通のことよ」

そんな彼らを前にして、しかし、私は透明な調査者にはなれなかった。それは彼らの語りの豊かさに、私自身が強く心を揺さぶられてしまったからだ。故郷の家族との関係性や、どうやら自分を強烈に縛っているらしい理想の家族像、そしてこれらふたつのギャップに足を取られてもがいている自分自身と、私は向き合わずにはいられなかった。そしてそうすることでしか、彼らに対する誠実さを示せないと思った。

留学を終え、世界がコロナ禍という時代のうねりに呑まれてもなお、私はオンラインで家族関係に関する聞き取り調査を継続していた。今度は日本にいながら、ガーナの家族のことを考えていたのだ。そしてなぜか、彼らも私のことを忘れなかった。

露悪的な言い方をすれば、ガーナの家族を通じて自分自身の家族観を見つめ直すという私の当初の試みは、「自分を癒すためにガーナを使っている」とも受け取られかねないものであったと思う。実際そうではないのかと、私自身何度も自分に問うた。しかし、コロナ禍によってフィールドと引き裂かれる経験を通じて、私が現地の人々と関わることへの意味づけは大きく変化していった。私はいつの間にか、「何が人々を家族たらしめるのか」ではなく、「何が私たちを家族たらしめるのか」について知りたくなっていたのだ。

この本で描いたのは、血縁を超えた家族関係をめぐる、私や調査協力者たちの個人的な物語である。でもそれは決して、特別なものではない。それは読者であるあなた自身も、多かれ少なかれ、「血がつながった温かくて親しい人たち」からは外れた関係性を含む家族関係のなかで育ってきたのではないかと思うからだ。

この本を読んでいる最中、もしあなた自身が自分の家族のことを思い出し語りたいと思ってくれたのなら、そして実はあなたの周りのあちこちにも、ガーナの家族に似た関係が存在している・してきたことを見つめなおしてもらえるのであれば、とてもうれしい。

目　次

第二章　エドゥビアでの日々

第三章　世話でつながりを編む

第四章　揺れ動く家族関係

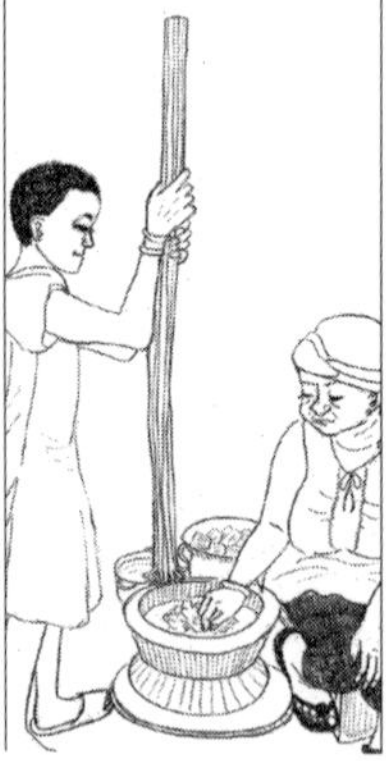

目次

本文イラスト　小佐野アコシヤ有紀
※一一五―一一九頁を除く

ガーナ流家族のつくり方　世話する・される者たちの生活誌

第一章

ガーナについて

ガーナで出合った多様な食材・料理

ガーナの味わい深さ

私がフィールドワークを行なっていたガーナ共和国は、日本の約四分の一の人口を持つ、西アフリカ沿岸部の国だ。日本においては、チョコレートの原料となるカカオの栽培や、サハラ以南アフリカで最初に植民地支配から独立した国であることなどで知られている。または、野口英世が黄熱病の研究を行なった地として記憶している人もいるかもしれない。

大学一年生のころ、入会したばかりのアフリカ研究サークルで「今年の研修先はガーナだよ」と言われた私は、インターネットでざっと調べ物をして、今触れたような情報を得た。特にぱっとしない、というのが最初の印象である。私が「アフリカ」と聞いて思い浮かべていたものは、見事なまでに何もなかった。ガーナの国立公園にライオンやキリンはいないし、沙漠もなければ、かの有名なマサイもいない。スワヒリ語も話されていないらしい。

しかし実際のところ、ガーナは万華鏡のような多彩な魅力にあふれていた。それは単に、人々の晴れ着が極彩色だとか、道端を歩いているトカゲがマンゴーの化身のような色だとか、視覚的なことにはとどまらない。日本の三分の二にも満たないガーナの国土には、熱帯林からサバンナまで多様な風土が展開している。そして、それを背景とするバリエーション豊かな文化が築かれているのだ。例えば、トロトロという乗り合いバスに乗って各地をぐるりとめぐってみれば、行く先々で家の形や人々のファッション、道端で売られている食材や料理に大きな違いがあることがわかるだろう。

特に、南部と北部の気候の違いと、それに伴う食べ物の違いは大きい。熱帯モンスーン気候に属する南部の多くは熱帯林に覆われていて、人々は森で野生動物の肉を得たり、森の周縁部を利用してキャッサバやプランテン（調理用バナナ）、果物などを育てながら暮らしている。一方、サバンナ気候帯の北部では、開けた土地での雑穀栽培や牧畜が盛んだ。

さらに、南部と北部では宗教的な違いもある。植民地時代のキリスト教布教の影響を強く受けた南部では、キリスト教人口が多数を占めるのに対し、西アフリカ内陸部とのつながりが強い北部にはムスリムが多い。二〇二一年のガーナ国勢調査によると、ガーナの人口の約七一・三％がキリスト教を、一九・九％がイスラームを信仰しているそうだが、地理的な分布には偏りがあると言えるだろう。

正直に言うと、主に首都近郊の様子しか知らなかった私は、一年生の研修時はもちろん、三年生で留学を始めたときも、ガーナの多様性に気づいていなかった。しかし、キャンパス内外に友人ができ、それぞれが「うちにおいでよ」と呼びよせてくれる回数が増えるにつれて、まるでぼやけていたピントがぐんぐんと合っていくように、私は身の回りで展開される物事の名前や意味、地域ごとの違いがわかるようになっていった。こうして、私はガーナの虜になっていったわけだが、私をいちばん強く惹きつけたのはもちろん、現地の人々の懐の深さである。

招待された家々で、「お料理教えてー」と炭火の横にしゃがみ込むオブロニ（白人、端的に言うと「ガイジン」のようなニュアンスの言葉）を「変な子！」と笑いながら、人々は嬉々として教えてくれた。どんな食材をどのように調理するのかを。そして、自分自身がどんなふうに生きてきて、それを誰から習ったのかを。

私がガーナに戻った理由

私がはじめてガーナを訪れたのは二〇一七年二月、アフリカ研究サークルの現地研修に参加したときのことだ。熱帯のもわっとした空気、見たこともない大きな木にぶら下がる大量のコウモリ、渋滞の間を縫うように歩く行商人たち……。ありとあらゆる「はじめて」のなかで私の心を占めていたのは、実は、故郷に残してきた祖父のことだった。

当時、大学一年生だった私は授業に通う傍ら頻繁に帰郷し、祖父の介護を手伝っていた。せん妄を見るようになった祖父の話に相槌を打ったり、時折食事の介助をしたり、家事をしたりしていたのだ。

ガーナでの現地研修があったのは、ちょうど祖父が危篤状態と回復を数か月間にわたって繰り返している、そんな時期だった。私は直前まで迷ったが、祖父の体力を信じることにした。

「行ってくるからね、おじいちゃん。私がいない間に、いなくなったりしないで」

しかし、いざガーナに着いて電話をかけると、母が厳しい声でこう言った。

「もうおじいちゃんは電話に出ないよ。ガーナにいる間はもう連絡してきちゃダメ、集中しなさい」

私はひどく動揺した。再び祖父が危篤状態に入ったことを悟ったからだ。もし今、祖父が死んでしまったら、私はお通夜にもお葬式にも間に合わないかもしれない。それは家族として、とても大事な瞬間を捨てることであるように思えた。私はたまらなくなり、研修メンバーと寝泊まりしていたホステルの部屋を逃れて、庭の端っこで泣いた。

そんな状態だったから、私はガーナで目にしたものの半分も認識できていなかったし、人々が語ってくれたことの半分も理解できていなかっただろう。しかしひとつだけ、あのときの私だからこそ強い印象を受けたのではないかと思うことがある。

それは、ある公立小学校を訪問したときの出来事だ。先生が幼児を抱きかかえながら仕事をしていたので「娘さんですか？」ときくと、「いいえ、同僚の子どもよ。近所に住んでいて、遊びに来たの」とのこと。公の場であるはずの職場で、自分の子ではない子どもを世話しているなんて、どういうことなのだろう！　固定された家族関係・役割分業のもと祖父の介護に参画してきた私に、ガーナの開放的な子育ての在り方は（介護との根本的な違いはあれど）衝撃をもたらした。

それから行く先々で注意して見ていると、ガーナではどこにでも子どもがいるのがふつうのようだった。個人経営の商店はもちろん、国際機関の職員や首都のショッピングモールの売り子さんまでもが子連れ出勤だ。子どもたちはその辺を自由に飛びまわったり、自分より小さい子の世話をしたりしている。そしておとなはそんな子どもたちの世界にちらちらと目を向けながら、それぞれ自分の仕事をこなしていた。

私は介護をしているとき、自分が祖父と一緒に社会から取り残されてしまったような気持ちに度々取りつかれていた。友人たちとの会話の中で介護について語ってみても、返ってくるのは「へぇ……」「ふーん……」という薄い反応ばかり。

すぐに話題はバイトやら部活やら、ほかのことに移っていってしまう。

今になって考えてみると、おそらくみんな、単に戸惑っていたのだろう。家の内情と深く結びつく介護のことを、どこまで話題にしてよいのかわからなかったのだ。

しかし、当時の私にとって、それは消極的な否定に思えた。誰かを世話することには確かに意味があると思いつつ、それをうまく言語化できなかった私は、外からの承認に答えを求めていたのだ。しかしその思いは満たされず、次第に私は、祖父との日常のなかで生まれる喜怒哀楽を誰にも告げることなく持て余すようになっていった。

そんな私にとって、ガーナは救いであるように思えた。誰かの世話をすることが、社会の真ん中にあるような雰囲気。そしてどうやらそれを家族の枠組みを超えて共有し、楽しんでいるようにすら見える人々。ここで世話すること・されることをテーマにフィールドワークを行なうことができたら、私は私自身の問題を少し軽くすることができるのではないか。

約二週間の滞在を終えて日本に帰ると、結局、祖父は危篤状態から持ち直してニコニコしながら流動食を食べていた。私はへなへなと祖父の横に座り込み、その年の春休みはそのまま祖父のそばを離れなかった。そして私の故郷にも遅めの春が来て、桜が散るころ、祖父は今度こそ旅立った。

私は改めて、人の一生に欠かすことのできない、世話すること・されることの意味を考えてみたいと思った。つまり、それが人に何をもたらすのか知りたかったのだ。そんな思いを胸に、私はガーナ大学への留学の手続きを進め、そして二〇一八年八月、再びガーナへやってきたのだった。

飛行機からガーナを見る

ガーナ生活が始まる

お元気ですか？

ガーナで暮らしはじめて、約二週間が経ちました。そちらはそろそろ秋の気配を感じるころではないでしょうか。私は毎朝ベッドの中で無意識に秋の気配を探して、でも見つからなくて、不思議な気持ちで目を覚まします。ちなみに、このベッドはちょうど頭にあたるところの板が抜けていて、すごく寝心地が悪いです。

高い山に囲まれて育った私にとって、ガーナの首都アクラは平坦すぎて落ち着きません。山が見えないと、なんだか五センチくらい浮いているような気持ちになるのです。しかし、少し郊外へ出ると、はるか彼方にゆるやかな丘が連なっているのが見えて安心します。かつて濃密な熱帯林であったであろう丘は、ここ数十年の開発の波にのまれて、住宅街の一部となったようです。

はじめてその丘へと向かう乗り合いバス（トロトロ）に乗ったのは、友人のフェリシアに誘われて外出したときでした。彼女は社会学のクラスで最初にできた友だちです。出会ったその日に「今日の夜おばあちゃんちに帰るの。一緒に行かない？」と誘われたのでとてもびっくりしたけれど、はやくキャンパスの外で「ふつうの人のふつうの暮らし」に触れてみたかったので冒険することにしました。

夜の丘の町は、幾重にも重なる光の波のように見えました。そこへ向かうバスはまるで、月明かりに照らされてきらきらと光る海の中を進んでいくようです。

町が近づくにつれ、私はあることに気が付きました。ガーナの光は丸いのです。日本の住宅やオフィスの窓が四角く煌々と光っているのとは全然違う、豆電球と街灯の、小さな暮らしの光。そう思ったのもつかの間、急にあたりが暗くなりました。どうやら停電したみたいです。電気が全くない夜の町は、見えない人の気配を抱えてざわざわと膨らんでいました。

トロトロステーションを降りて少し坂を上ったところにあるフェリシアのおばあちゃんの家は、そのなかでもひときわにぎやかなところでした。小さなろうそくを囲んで子どもと若者が歌い、踊っています。自己紹介もそこそこに、私もその輪に加わりました。お互いの顔もよく見えないようなささやかな光が、キャッキャキャッキャと跳ねる大きな影をいくつもつくっています。

貧困、病気、犯罪、貧弱なインフラ。もしくは未開の「部族」。日本のマスメディアは、これまでアフリカの影の部分に多く焦点を当ててきたように思います。確かに、何かの影に隠れてしまっている人々の小さな声をくみ取って伝えることは、メディアの大事な役割でしょう。しかし、曲がりなりにも「アフリカ地域研究」を学んでいる私は、問いかけたくなってしまうのです。「それしかないわけ、ないでしょう?」と。

長くなってしまいましたが、つまるところ、私はとても元気に暮らして

夜の光の波を抜けていくトロトロ

います。何しろここは、口をあければ食べ物を「あーん」してくれて、汗を流していれば誰かが手で拭ってくれる、世話好きの国ですから！
家族のみんなに、くれぐれもよろしく伝えてください。風邪をひかないで、元気でいてね。

二〇一八年八月下旬
有紀より

（実際にいとこへ送った手紙の一部を改変）

アコシヤって呼んで

「アベナ、こっちにおいで。いいからおいで!!」

市場の雑踏の中、布売りのおばさんがものすごい勢いで手招きをしている。うっかり振り向いてばっちり目が合ってしまった私は、蜘蛛の糸であやつられる獲物のようにおばさんのもとへ足を向けることとなった。

「さあどれにする?」

お店に足を一歩踏み入れるなりそう聞いてくるせっかちなおばさんに、思わず笑ってしまう。壁一面どころではなく床までを埋め尽くす大量の布の中から、好みのものを一瞬で選べなんて無理難題だ。私は覚えたてのチュイ語(ガーナの人口の約四割を占めるアカンの言葉)をフル発動させてこう言った。

市場の様子

「あのねおばさん、違うんです。私の名前はアベナじゃなくて、アコシヤっていうの。アコシヤ・有紀」

「エイッ!!（ガーナの人は驚いた時にこう叫ぶ）あんたチュイ語がわかるの？」

「ほんのちょっとですけど」

「アコシヤって、ガーナの名前でしょ。誰が名づけたの？」

「私、日曜日生まれだから」

「イーッヒッヒッヒ!!　エイッ、アコシヤ」

ガーナらしい名前を名乗る変なオブロニの出現に、おばさんは笑いが止まらないようだ。

ガーナには、性別と生まれた曜日によってデイネーム（民族ごとに異なる）を割り当てる文化がある。その人の魂が、各曜日にまつわる性質を選んで生まれてくると考えられているからだ。ちなみに、首都のお土産屋さんで売られていたポストカードの説明によると、「アコシヤ」は機敏さを意味するのだそうだ。小さいころから周りに「とんま」と言われ続けてきた私の魂が選ぶとは到底思えない名前なのだが、ないものねだりでもしてしまったのだろうか。

アコシヤであるはずの私がアベナと呼ばれて思わず振り返ってしまったのは、それまでにも知らない人から適当なデイネームで呼ばれたことがあったからだ。「アベナ」は本来、火曜日生まれの女の子に与えられる名前である。しかし、本当のデイネームがわからないオブロニを、現地の人々は好き勝手なデイネームで呼ぶ。私の場合は、アコシヤ（これは私の本当のデイネームでもある）、アベナと呼ばれることが多いのだが、理由は単に、「響きがよいから」らしい。

ガーナで暮らすオブロニたちのなかには、自身のデイネームについて「自分のアイデンティティと一致しないから使わない」と話す人もいる。実際、私が知る現地日本人の中には、日常的にデイネームを使う人はあまりいなかったように思う。

一方、私は行く先々で「アコシヤって呼んで」と自己紹介していた。それは新しい名前を名乗るという行為が、ガーナにやってきたばかりの「赤ん坊」であった自分にぴったりであるように思えたからだ。ガーナにもういちど生まれるというこ と、アコシヤという現地名がその証であるような気がして、二十歳の私は胸を躍らせていた。

デイネーム(アカンの場合)

	女	男
日曜日 (Kwasiada)	アコシヤ Akosua	クウェシ　アクウェシ Kwasi, Kwesi　Akwasi
月曜日 (Edwoada)	アジョワ Adwoa, Adjoa	コジョ Kojo, Kwadwo
火曜日 (Benada)	アベナ Abena	クワベナ Kwabena
水曜日 (Wukuada)	エクヤ Akua, Ekua	クウェク Kwaku
木曜日 (Yawoada)	ヤァ Yaa	ヤォ Yaw
金曜日 (Fiada)	エフゥア　エフィア Afua　Efia	コフィ Kofi
土曜日 (Memeneda)	アマ Ama	クワメ Kwame

※ここに掲載していないパターンの綴りもあり得る。
※各曜日の下段はチュイ語での表記

チュイ英語のナゾ

ガーナにいると、よく「日本語教えて！」と言われる。こういうときどんな単語の訳を尋ねるのかに、「文化」ってよく表れるものだ。日本では、外国語を習うとき、「おはよう」などの挨拶よりもむしろ「ありがとう」から始める人が多いかもしれない。しかし、現地では「おはよう」「こんにちは」「こんばんは」「お元気ですか?」ときて、次は十中八九come《カム》である。私ははじめこそきょとんとしていたが、すぐに納得した。現地では、会話の終わりに“Go《ゴー》 and《アンド》 come《カム》（行って、そしてまた来て）”とよく言うのだ。

ガーナ南部で生活していると、こういう不思議な英語――「チュイ英語」を日常的に耳にする。このナゾを解くには、ガーナでもっとも話者人口が多い現地語、チュイ語の会話様式を理解するのがミソである。

ガーナの公用語は英語だ。中学校以上の授業は基本的に英語で行なわれるし、公的な書類も英語で書かれている。しかし実は、いわゆるネイティブレベルで英語を使いこなせる人はほんの一部だ。聞いて理解はできるけれどそんなにしゃべれない人、日常会話の語彙を超えると理解できない人、ほとんどわからない人――。人々の英語力は様々である。そんな公用語の代わりに実質的な地域共通語として機能しているのがチュイ語だ。

その会話様式に英語を当てはめたのが、くだんのチュイ英語である。冒頭で紹介した"Go and come"ももともとはチュイ語の表現で"Kɔ《コ》（行く）bra《ブラ》（来る）waii《ワイ》（語感を柔らかくする言葉）"、つまり「いってらっしゃい」とか「また来てね」という意味だ。

また、現地の人はsorry《ソーリー》を連発する。手に持っていたハンカチを落とした（なくしてはいない）とき、つまずいたとき、暑がっているとき、水たまりで足が濡れたときなど、つまり「かわいそうに！」「大丈夫？」というようなニュアンスなのである。ほかの英語圏でも同じような使い方をするのだろうが、頻度が違う。私はドジであるためしょっちゅう道行く知らない人に“Sorry!”と声をかけられており、気を使ってもらいすぎてこちらの方が「申し訳なく」思うほどだ。

　そして、チュイ英語では敬語を多用する。人々は目上の人と話すとき、または何かをお願いするとき、ほぼ常にplease《プリーズ》やwaii《ワイ》やoo《オー》（語感を柔らかくする言葉）を文末につけて話すのだ。no《ノー》 please《プリーズ》とまで言う（初めて聞いたときは、「はい」か「いいえ」かわからなかった）。“No please, I《アイ》 want《ワント》 to《トゥ》 sleep《スリープ》 oooo《オー》. I《アイ》 beg《ベッグ》 you《ユー》 oo《オー》（いやです、眠りたいんです〜。どうかお願いします）”といった具合である。日常的にこんな感じなので、慣れないと何かにつけて大げさな人たちに見える。

　このように、現地では他者への礼儀が非常に重んじられている。私が子どものかわいい失敗をうっかり笑ったり、目上の人との会話でpleaseを付け忘れたりしたときには、「sorry／pleaseって言えないのっ⁉」と怒られたものだ。

　ここまでチュイ英語のナゾについて話してきたが、最大のナゾはこれを話している当の本人たちが「自分たちはイギリス英語を話している」と度々言うことである。確かに、文法や綴りはイギリス式なのだが、話し言葉としてはどうなのだろう。「僕たちガーナ人はきれいなイギリス英語をしゃべるからね、ナイジェリア人もガーナに英語留学に来るんだよ！」と、煽情的にシャウトする人もいるけれど、その抑揚こそがチュイ語そのものなのだと言いたいところである。

私はチュイ英語の、大らかかつエモーショナルな響きが大好きだ。ガーナを去って三年半が経った今でも、私は誇りを持ってチュイ英語を話している。

日曜日の過ごし方

フェリシアに連れられてはじめて現地の教会に行ったときのこと、「チュイ語から英語にミサを通訳してあげるね」と言って隣に座った女性が、真剣なまなざしでこう訴えかけてきた。

「「キリスト教を信じないと、地獄に落ちちゃう」って」

そのときはじめて、私はこの二時間に及ぶ説教が、非キリスト教徒である私への特別講義であることを悟った。

ガーナほどキリスト教的に見える国はなかなかないと思う。首都アクラを含む南部地域では、キリスト教勢力が圧倒的な存在感を放っているからだ。まず、どこに行っても聖職者のポスターや看板が目に入る（ぱっと見、政治家かと思う）。毎週日曜日には教会へ出かける人でトロトロが大混雑する（色とりどりのおばさんたちにぎゅむぎゅむ押しつぶされながらバスで揺られるのは、ちょっと楽しい）。極めつけは、なぜか道の真ん中に置かれている教会のスピーカーから絶叫説教（チュイ語の口承伝承の形式を用いているせいらしい）が流れてくることだ。これがもう私にとっては叫びだしたいほどうるさいのだが、神様を熱愛する人々から文句など出てくるはずもない。

そんなガーナ南部で、「私はキリスト教徒じゃないよ」などと言おうものなら大変である。人々は「エイッ!!　どうしてー!!」と叫び、どこからか聖書を持ちだしてきて、私に音読させようとする。そして決まって「教会に行こう！　きっと気に入るから」と言うのだ。要はみんな、たいへん押しが強いのである。

そしてダメ押しのように、「ガーナでは、信教の自由が保障されているんだよ」と高らかに言い放つ。それならば聖書の音読を強いないでくれと思わなくもないが、確かに、私が「仏教徒だから」とはっきり言えば、深追いされることはあまりなかった（今度は日本の仏教についての質問が飛んでくるので、いずれにせよ放っておいてはもらえないのだが）。

　実は、フェリシアはもともとムスリムの家庭に生まれ、高校時代にキリスト教に改宗している。「改宗するとき、家族と揉めたりしなかったの」とおそるおそるきく私に、フェリシアはこう答えた。

「子どものころはね……。私は朝早くにお祈りをしたり、ラマダンに断食をしたりするのが嫌だったんだけど、おとなたちは私にベールを被せてムスリムとして振る舞わせたの。でも、高校時代にそれまでいた家を出てクリスチャンのおばのもとへ移ったのを機に教会へ行くようになって、それからは私ももうおとなだし、家族は何も言わなかったわ。今では、私の生母もイスラームからキリスト教に改宗しちゃった。父はムスリムのままだけど」

　私がいた村でも、家族や夫婦で通う教会（宗派）が違うことが多々あったから、信仰は基本的に「個人的なもの」として捉えられているのだろう（一方、結婚の話題になると、ムスリムの友人たちは「異教徒との結婚は家族が許さないだろう」と口々に語る。異教徒との通婚は、改宗とはまた違う文脈にあるらしい）。

教会

私はなんだかんだ言いつつも、毎週のように教会へ通っていた。日曜日の朝になると、部屋の前で近所の子どもたちによる「アコシヤ争奪戦」が繰り広げられていたからだ。「アコシヤは僕と一緒に教会に行くんだよ！」「違うよ今週は私だもん！」といった調子で。正直に白状すると、私はどの教会に行ってもチュイ語の説教が理解できず大船を漕いでしまう。しかしそれでも、フィールドの人たちが「楽しい」と思うことを共有してくれるのはうれしいものだ。

ため込まないこと

ガーナの田舎道は基本的にでこぼこしていて、さらにそのくぼみに身体を添わせるようにしてたくさんのヤギが昼寝をしている。ヤツらは動かない。バイクが来ようがバスが来ようが、他人事のように休んでいる。ということは、私たちが乗ったトロトロの方がヤギとくぼみをよけて上下左右にガンガン揺さぶられることになるのだが、今の私にとってはそれさえどうでもいい。

ほとんど顔見知り同士での旅行だけあって、運転手は爆音でガーナ音楽をかけ、後ろの女性ふたりは大声で全然違う讃美歌を歌ってトランス状態になっている。そしてバスが揺れるたび、若い男性たちが運転手に向かって「エェーイッ、チャー

どこにでもいるヤギたち

リィ～？（「チャーリー」は仲間・同胞を指す慣習的な表現）」と揶揄するように叫ぶのだ。これが癇に障る。ガーナ大学の知人が企画した研修プログラムで北部の村へ向かうことになった私は、初の長距離バス旅の洗礼を受けていた。

首都アクラから車に乗ること約一四時間、だんだん空気が乾燥してきて生い茂る木々の背が低くなり、やがてまばらになった。タマレという北部最大の街で休憩したときには、アザーン（イスラームの礼拝への呼びかけ）が幾重にも聞こえてきて、南部とは違う文化圏に来たんだな、と実感する。「北部は静かで、いいところよ。アクラみたいに汚くないし」。タマレで幼少期を過ごしたフェリシアが言った通り、タマレ近郊にはとても穏やかな時間が流れていた。しかし腹立たしいことに、車の中はアクラの街をまるごと連れてきたかのようにうるさいままである。

宿に着いてもまだ騒がしい。私は先述の女性ふたりにはさまれて眠ることになったのだが、どちらが先に水浴びをするかでふたりが大げんかしだしたのだ（その日は断水していて、順番が遅くなると水浴びができない可能性があった）。横になった私の上で大のおとながひっぱたきあったりモノを投げ合ったりする経験は、改めて思い出してみるとなかなかシュールである。もうないと願いたい。

トロトロ運転手に対するからかいといい、女性ふたりの大げんかといい、私がガーナで出会った人たちは感情表現がストレートなことが多かった。すぐにぶつかり合って、でも周りには必ず冷静な人がいて「まあまあ」となだめたり、どちらかに加勢して相手を説得したりして、争いは割とすぐに終わる。この日も女性たちの叫び声をききつけたおじさんが仲裁に入った。

彼女たちは叫び合って気が済んだらしく、けろっとした顔で寝支度を始めた。全身にカカオバターを塗りこんだり、腋に制汗剤を吹きかけたり。

「こらアコシヤ、靴はもうドライクリーニングしたの？　やり方知らないんでしょ、教えてあげるから来なさい」

いきなり私に話の矛先が向けられた。今度はふたりそろって「出先でどうやって女の命である靴を磨くか（現地の人々は靴に非常なこだわりがあるようだ）」を教えてくれるみたいだ。もはやふたりの間に感情のもつれはない。

人間関係のうっぷんをため込まないこと、これも現地の人々が編み出した共生のカギなのかなぁ。靴に着いた赤土をぼろきれで拭いながら、私はそんなことを考えた。

「大丈夫」のシャワー

さっきからやたらに話しかけながら付いてくる男の人がいて、まあそれはいつものことなのだが（アジア人が珍しいのだ）、今回ばかりはやめてほしい。今、私は人生で一番くらいに急いでいる。さもないと、命が危ないかもしれないのだ！

私は全力で男の人を撒き、空き地をうろうろしながらきょうだいのコフィに電話を掛けた。

「助けて、マラリアになったかも!! 熱があるんだけど、風邪とは違う感じがするさぁ」

コフィはすぐさま、共感をたっぷり滲ませて「かわいそうに!!」と私をなだめる。そして落ち着いた声で、「でも心配しないで、薬を飲めばすぐよくなるよ。今から行くから、寮で待っててね？」と言った。

　コフィは、私がガーナ大学に来る直前までの半年間、交換留学生として私の大学に来ていた青年である。そのころすでにガーナ行きが決まっていた私は、「仲よくなるぞ」と意気込んで手料理を振る舞ったり、故郷に連れていったりと、まるで姉のように彼の世話を焼いていた。

　そのころのコフィは、好き嫌いが過ぎて日本の食べ物をほとんど何も食べず、大変に手が（そしてお金が）かかった。母や私がお味噌汁をつくっても、具の大根をつつきまわすばかりでほとんど飲まない。おにぎりの海苔を気持ち悪がる。もともと食が細い人なのかと思ったら、うなぎだけは上機嫌で食べた。

　私はぶつくさ言いながらも、「まあ、慣れない食べ物だからしょうがないか」と度々食事に招き続けた。コフィの方も、何かと押しつけがましい私や家族のことを嫌がるふうでもない。いつも「ありがとうございまーす」とニコニコしながら、手元の料理にちょびっとだけ手をつけていた（うなぎのときはバクバク食べた）。

　しかしガーナに来ると、途端に立場が入れ替わった。市場への行き方を教えてもらう、学食でごはんを振る舞ってもらう、アクラ郊外に住む家族を紹介しても

ら う……、特に留学開始二か月ほど、私は生活のほとんどをコフィに頼り切っていた。しかし、「また日本に留学したい」と望むコフィに日本語を教えるときだけは、相変わらず姉のようでもある。そのような立場の変動を日常的に繰り返し、私たちは、文脈に応じてお互いの姉になったり兄になったりする唯一無二の関係性を築いてきた。

駆けつけてくれたコフィとともに近くの公立病院に行き熱を測ると、三九度の熱があった。悪寒がひどく、頭痛もある。「マラリアですね」と医者は言った。

マラリアというのは、ハマダラ蚊に寄生したマラリア原虫がヒトや動物の体内に入り込んで引き起こされる感染症だ。熱帯・亜熱帯の地域でよくみられる病気で、熱や頭痛、吐き気などひどい風邪のような症状を引き起こす。しかし風邪とは違って、健康な人でも治療しないと死に至ることがあるのがこの病気の恐ろしいところである。ただ、成人の場合、治療薬さえ飲めばまず死ぬようなことはない、と現地の人々は口をそろえて言う。

しかし、怖がりの私はコフィや後から駆けつけたフェリシア、そしてお見舞いに来てくれた友人たちに「ねえ、私死なないよね?」としつこく確認していた。そんな私に、誰も彼もがあやすように「大丈夫だよ」と言う。そしてしょうが味の飴やオレンジを食べさせてくれたり、枕もとでガーナ音楽をかけてくれたりするのだった（正直、これはちょっとうるさい）。

ところが、抗マラリア薬を飲み終わるころになっても私の体調は全然よくならない。解熱剤が切れる五、六時間ごとに三九度近い熱が出るのだ。「さすがに変ねえ」とフェリシアが言って、今度は別の私立病院で詳細な血液検査をしてみることになった。

その結果は、尿路感染症。最初の病院での診断は誤りだったのだ。あとでわかったことなのだが、現地では高い熱が出たらとりあえずマラリアを想定して処置を行なうらしい。たとえ簡易検査の結果が陰性だったとしても、それが確実であるとは言えないうえに、もしマラリアだった場合、処置が遅れると命に関わるからだ。

本当は、抗マラリア薬と併せて抗生物質も飲むはずなのだが、最初の病院ではちょうど在庫を切らしていたようだ。そういえば病院のベンチで朦朧としているとき、コフィと受付のおばさんが何やら話し合って「まあ問題ないでしょ」という結論に至っていたなと思い出し、やや恨めしく感じる。しかし、何はともあれ、追加の抗生物質のおかげで熱はあっけなく引いたのだった。

病気やケガなどのトラブルは、ないのがいちばんだ。しかし、世話すること・されることをテーマにフィールドワークをしていた私にとって、マラリア未遂事件は周囲の人々の面倒見のよさを体験するまたとない機会であった。あのとき、周りの人が温かいシャワーのように浴びせてくれた「大丈夫」を思い出すと、私は今でも、この世界に怖いものなど何もないような気持ちになる。

オビビニとオブロニ

チュイ語には、オビビニ（obibini）、オブロニ（oburoni）という言葉がある。ざっくり説明すると、オビビニは「アフリカ大陸にアイデンティティを持つ人」、オブロニは「それ以外の人」という意味だ。英語だとBlackとWhiteと訳されることが多いが、日本語のニュアンスだと、オブロニは「ガイジン」に近いと思う。人によってだいぶ定義が異なるが、ほとんどの場合、単に肌の色で区別しているらしい。概念的には「ブラック・アメリカンもオビビニだ」と高らかに主張する人が多い一方、アフリカ生まれの白人（南アのアフリカーンスなど）をオビビニ仲間として受け入れようとする人はあまりいない。

これら二つは、ガーナで「ガイジン」として暮らす私ののほほんとした日常でよく飛び交う言葉だった。現地の人は老若問わず本当に人懐こく、首都でも田舎町でも歩いていれば「オブロニ！」と声をかけられる。そんなときには、「オビビニ！　エティセン？（元気？）」と返すとよい。「おおお、チュイ語を知っているのか！」といった感じで、みんなけらけらと笑い転げ、さらに好意的になるのだ。

肌の色に関わる言葉を軽々しく口に出してよいのだろうか、とヒヤッとした読者もいるのではないだろうか。実際、特にアメリカからの留学生たちのなかには、これらの言葉に面くらう人も多いようだった。しかしそれに対して、現地の人々は「大丈夫だよ、攻撃的な言葉ではないから」と説明する。

ガーナは、ブラック・ディアスポラ（奴隷貿易によってアフリカ大陸から離散した黒人たちやその子孫、さらにアフリカ系移民やその子孫を含む場合もある）の移民を積極的に受け入れている国だ。Citizenship Act of 2000（市民権法令二〇〇〇）によって、アフリカ系の人々が無制限のガーナ居住権と帰還権を求めることが可能になって以降、政府は度々、欧米にいるオビビニ仲間たちに向けて帰還を呼び掛けてきた。

ガーナのこの姿勢は、二〇二〇年に隆盛を見せたブラック・ライブズ・マター運動への対応にもよく表れていたと思う。アメリカで白人警察官による身体拘束時に死亡した、ブラック・アメリカンのジョージ・フロイド氏の追悼式典が、ガーナでも取り行なわれたのだ。その際、観光大臣のバーバラ・オテン・ギャシ氏が行なった演説が、とてもガーナらしく思えて心に残っている。

私たちはこれからも、仲間であるあなた方を諸手を挙げて歓迎します。ガーナにはあなたの居場所があります。アフリカはあなたたちの故郷です。私たちはいつでもあなたたちを迎え入れることができます。どうぞこの機会を逃さないでください。ガーナに移り住んで、人生を築いてください。そう、自分が不必要だとされる場所に、いつまでも留まらなくてよいのです。あなたには選ぶ権利があり、アフリカはあなたの帰りを待っているのですから。（Ghana Web、二〇二〇年七月五日、若本隆平訳）

様々な小さいアイデンティティを持つ個人を、大きな共通のアイデンティティを持つ身内として巻き込もうとする、その力には感心してしまう。絆が強いのにオープン。そんなガーナ社会の在り方には、孤立や無縁など、日本社会に根を張る問題を解決するカギがあるのではないかと、漠然とだが思う。

ちなみにガーナにいたころ、日に焼けやすい私はこんがりとした栗色の肌を持ち、周囲のいろんな人から「日本人には見えないわねぇ」と言われていた。そしてある日ついに、友だちが「有紀はもうオビビニね」とにやりと笑ったのだった。もちろん冗談だとは思うけれど、アフリカにルーツのない私まで仲間に入れてくれるのか！　と愉快になって、思わずあははと笑ってしまった。

なんでふたをあけないの？

「ジョロフライス（ピリ辛トマトの炊き込みごはん）って難しいのよ。間違えるとすぐにこうなっちゃうの……」

鍋のお米はねばねばして、そのくせ妙に芯が残っている。ガーナ大学の友人がつくる、しょうがをたっぷり入れたトマトスープはとても美味しかったけれど、どうやらそれをお米に注いで炊き上げるときに分量を間違えたみたいだ。私に教えるつもりで料理をしていた友人は悲しそうに鍋底のおこげを剥がして、再びぴっちりとふたをし、こう言った。

「こういうときは水分を飛ばさなきゃ。しばらく放っておこう」

「ねえそれなら、ちょっと鍋のふたをあけておけばいいいんじゃない？」

私の思いつきに、友人は驚いたようだった。

「なるほどねぇ、確かにその方が効率的！　でも考えたことなかったよ。ガーナでは長時間煮炊きするときは絶対にふたをするものだから」

この日から私は、いろんなところで煮炊きを観察するようになった。多少の例外はあるものの、なるほど確かに家庭での煮炊きにはふたが欠かせない様子である。どのつくり手も、鍋から目を離すときにはしっかりとふたや落しぶたをしていた。もしくは「お料理の途中に鍋から目を離してほかのことをするなんて、しない」と言う。そして不思議なことに、誰もその理由を知らないようであった。

このナゾについて考え続けて二か月くらいたったころ、答えかもしれない情報は思わぬところから転がり込んできた。留学仲間が、インターネット上である投稿を見つけたのだ。

「毒を持ったヤモリ、スープ鍋に落ちて一家全滅――。料理をするときは絶対にふたをするように」

思わず「そんなことある⁉」と叫んでしまったが、屋外や密閉性の低い台所で料理をすることが多いガーナでならありうる（実際、このころ私は赤ちゃんヤモリと

「同居」していた)。私は思わず身震いして、これから料理をするときは絶対にふたをしよう、上にも気をつけようと心に決めた。

フィールドは、私にとっていまだに「意味がわからないこと」であふれている。私が繰り出す素朴すぎる質問には、現地の人さえも（もしくはだからこそ）答えられないことがしばしばあるからだ。「なぜ鍋にふたをするのか？」という問いに対する答えだって、おそらくひとつではないだろう。無意識レベルに刷り込まれた習慣は、それぞれの人生経験の中でそれぞれに意味づけされて次の世代に受け継がれていく。

私はフィールドを、一生かかっても理解しきれないだろう。家族や世話というテーマに絞っても網羅しきれない。でもフィールドでの経験は、物事を突き詰めて考えがちな私をいつもちょっとだけ寛容に、楽にしてくれる。理由を決めつけるより、考え続けたほうがいいじゃないか、と。まずはただ形から真似してみるだけで、ちゃんと生きていけるじゃないか、と。

ジョロフライスの材料をカットするフェリシア

レシピ ジョロフライス

鶏肉のうまみを効かせた、ピリ辛トマトの炊き込みごはん。人が集まるときなどに、少し気合を入れてつくる料理。

教えてくれた人：フェリシア

材料

- 鶏肉……全員がひとかけら以上食べられる量

A
- 玉ねぎ（ガーナの玉ねぎは小さい）……1と1／2玉
- しょうが……1個
- にんにく……1／2玉
- 青のローカルとうがらし……5個

- 玉ねぎ（Aで使ったものの残り）……1／2玉
- トマト（ガーナのトマトは果肉が厚い中玉）……4個
- トマトペースト……150グラム程度（お好みで生のトマトと量を調節）
- 塩……適量
- ONGA（ガーナなどで一般的に使われている、キューブ状のだし調味料。えび風味、チキン風味などがある）……適量
- 燻製さば……中1尾
- エニアワ（ローカルなスパイス）……10粒程度
- Remie（ジョロフライス用のスパイスミックス）……1袋
- 米……鍋に入れたときに、スープの表面から1.5センチくらい下になる程度
- スパゲッティ（ビーフンのように細いもの）……7本程度
- ピーマン……1個
- 油……適量
- 水……適量

下ごしらえ

①鶏肉をぶつ切りにする。
②Aをみじん切りにして、少量の水を加えながらすり鉢ですりつぶす。
③玉ねぎ1／2玉をくし形に切る。
④トマトの種をなるべく取り除き（酸味を抑えるため）、小さく切る。
⑤燻製さばの骨と皮を取り除く。
⑥エニァワの殻を割り、すり鉢ですりつぶす。
⑦ピーマンを長細く切る。

作り方

1―①に②を振りかけるように鍋に入れ、水1～2カップを入れてふたをし、煮立たせる。鶏肉におおむね火が通ったら、鍋からいったん取り出す（煮汁はそのままにしておく）。
2―大サイズの鍋に油を入れて（だいたい鍋底1センチくらい）火にかけ、温度が上がってきたら③を入れ、ふちが少し茶色くなるまで炒め揚げする。
3―2に④と1の煮汁を入れ、煮立たせる。
4―しばらくしたら、3にトマトペーストと塩、ONGAを加え、さらに煮立たせる。
5―4に⑤と⑥、Remieを加えてしばらく煮る。
6―米とスパゲッティ（5センチくらいの長さに割る）を入れてふたをし、強めの中火で炊く。焦げつかないよう、時々底の方からひっくり返すように混ぜる。
※この後水を加えることはできないので、米に対するスープの量をよく見極めること。
7―米がスープの表面に現れるほど膨らんできたら、⑦を入れてふたをし、火を弱くする。炊けるまで、時々底の方からひっくり返すように混ぜる。

第二章
エドゥビアでの日々

中庭の夕方

私の主なフィールドは、エドゥビアというアシャンティ州のはずれのコミュニティだ。一見、熱帯林に囲まれた何もない村に思えるが、実は金の産地として知られている。岩のように固くよく水を吸う赤褐色の大地は、掘りさえすればどこからでも金がとれるらしい。そんなわけで、村のはずれには大きな金鉱山の会社があった。村の若い男たちの多くは、主にここでの勤務によって生計を立てている。私がお世話になっていた家には「パパ」と呼ばれる人が複数人いたのだが、きょうだいである彼らの末っ子パパ・リチャードもまた、この鉱山で働いていた。

しかし、彼の仕事はそれだけではない。シフトに入っていない日、パパ・リチャードはエドゥビアのメインストリートに面する家の軒先で電気・日用品店を営んでいた。しかし不思議なことに、私はその商品が売れているのを見たことがない。公立学校での調査を終えて帰宅すると、パパ・リチャードはいつも決まってピュア・ウォーター（ビニール袋に入った飲み水。歯で端っこをかみちぎってちゅうちゅう飲む）をひとつくれる。こんなふうにして、お店の商品は家族の誰かにより着々と消費されているのだった。

「ロ」の字型をしたこの大きな家には、約二〇人の人々が暮らしている。御年八五歳（推定）のアマおばあちゃんと、その娘・息子や孫たちだ。しかし、それぞれの仕事に勤しむパパたちとおばあちゃんしかいない昼下がりの家は至って静かである。軒下には長男のパパ・クウェシが家の裏手にある熱帯林で収穫したオレンジが積まれ、中庭の洗濯物がなびき、その奥の裏庭ではヤシの木がさわさわと揺れる。あとは奥の戸口からかすかに、パパ・クウェシのケンケ（トウモロコシの粉を発酵させてつくる主食）製造機の音が聞こえてくるばかりだ。目の前に広がる光景なのに、赤っぽい土埃とトタン屋根のさびも相まって、遠い昔の写真のようにセピア色がかっている。

ピュア・ウォーター

この家がにぎやかになるのは、午後四時あたりからだ。夕暮れの気配とともに、村の公立小学校で副校長を務める次女マー・シエラが帰ってくる。そして中学生の娘エクヤと一緒に料理を始めるころ、幼稚園児と小学生計七人（＋近所に住む子どもたち）が続々と帰宅するのだ。「ただいま、アコシヤ！　おばあちゃん！　マー！」と、家じゅうに元気な声を響かせて。ちなみに、「マー」というのは、母を指す「マーメ」というチュイ語を縮めた言い方だ。

あたりは薄暗くなってきたが、今日はまだ中庭の電灯がつかない。停電しているみたいだ。戸口に長い影が現れたと思ったら、家の隣で屋台を経営する次男パパ・サミュエルだった。「ほら、食べなさい」とお手製のフライドライスを渡してくれる。これはガーナ風チャーハンのようなものだが、妻から教わったというパパ・サミュエルの一品は、しょうがが効いていて格別に美味しい。

マー・シエラはまだキャッサバとプランテンを蒸しているところだから、夕食

中庭

のフフ（キャッサバやプランテンなどを臼と杵でついてつくる、お餅のような主食）を食べるまでには少し時間があるだろう。私は子どもたちと一緒にお皿へ手を伸ばし、仲よく分け合って食べる。

そのときだ。

「エイッ!!」

村のあちこちで発せられたささやかな感嘆がひとつになって、一瞬、華やいだ空気があたりを包む。電気がついたのだ。軒先にあるパパ・リチャードのステレオから、陽気なガーナ音楽がこぼれだした。

Aww Kiki　　ねえキキ、聞いてる？
Are you with me?　　もし僕が君の好きな食べ物だったらさ、
If I was your favorite food, will you eat me?　　君は僕を食べてくれるのかな？
Because of you am no more a player　　君のせいで、僕はもう遊び人じゃいられない
Ma gyae mbaapɛ psg……　　女の子を追いかけるのはもうやめたよ……
（ガーナのバンドDJ Mic Smith, Patoranking & Shakerが二〇一九年にリリースした"Jama"という曲の一節）

にわかに活気づきながら、エドゥビアの夜は更けていく。私はこの村と、ここで暮らす人々が大好きだ。

エマニュエル兄さんの夢

N'akwan nyinaa ɛyɛ fɛ
N'akwan nyinaa ɛyɛ fɛ
Na ne trimbo yɛ asomdwe
Asomdwe nkwan yɛ asomdwe
N'akwan nyinaa ɛyɛ fɛ
Na ne trimbo yɛ asomdwe……

神の道はパーフェクト
神の道はパーフェクト
そしてその思想は平和的
平和、神の道は平和的
神の道はパーフェクト
そしてその思想は平和的……

聖歌隊の女性たちのコーラスとともに、私の世話役であるエマニュエル兄さんが歌っている。分厚い胸板に響かせたテノールの声が心地よい。教会の青年会の代表として聖歌隊を指導する兄さんは、将来立派な牧師になるだろう。

優れた人柄と信仰心はもちろん、個人的に、声がいいことは牧師にとって大事な条件であるように思う。牧師は説教を通じて教会メンバーをまとめ、神の道へと導く存在だからだ。特に信仰を大切にするガーナのクリスチャンは、都合のよいときだけ神頼みする私のような人間とは異なり、みんな熱心に教会へ通う。日曜日の礼拝だけではなく、平日夜に聖書の輪読会が開催されていたり、子ども会のダンスサークルや合奏サークルもあったりする。現地のクリスチャンの多くにとって教会は社会活動の中心であり、人々はそこでの活動を日々の娯楽として楽しんでいるのだ。牧師は、そんな人々の心をつかむような存在でなくてはならない。そのためには聖書の内容をかみ砕き、庶民の日常生活とつながるように伝えることが大事であるとともに、巧みな話術も求められる。反語をうまく織り交ぜてエモ

エマニュエル兄さんと聖歌隊。平日に練習する様子

ーショナルにしたり（「神はそう言うだろうか、違う！　では○○か、違う‼」）、重要な部分をマイクの音が割れるほどの声量で強調したり（「神は△△と言ったのだ！」）、聴衆の理解を確かめるために質問したり（牧師「神は何と言ったか？」、聴衆「△△です！」）……とにかく、牧師は声を張る仕事なのだ。

そんな圧倒的リーダーである牧師は、ときにコミュニティ開発の立役者にもなる。例えば、アダという海沿いの地域では、私の知り合いの牧師が「生活のための農業連合（Farm For Livelihood Association）」という団体を運営している。その主な活動は、農水産業を通じてコミュニティの就労援助をすること、そして生産物の売り上げの一部を地域の子どもたちの教育のために活用することだ。障がいのある人々に対して野菜の種を貸し、技術支援を行なうことで生計を助けたり、ティラピア（ガーナ南部で主にご馳走として食べられる川魚）の養殖をして観光客向けのホテルに売ることで島嶼部の子どもたちの学校運営の資金を得たりと、精力的に活動している。

エマニュエル兄さんはその人と面識があるわけではないが、いつか自分も社会開発をライフワークとする牧師になりたいと夢見ている。彼の場合は特に子どもの教育支援に関心があり、今は近くの金鉱山で稼いだお金でそのためのセンターを建設中だ。でも、もうずいぶん長い間、工事は柱二本と外壁ができたところで止まっている。ガーナの建築工事はお金が手に入ったときにちょっとずつ進めていくのだ。

建物が完成するころには、はじめに建てたところが老朽化してしまうのではないかと心配する私をよそに、兄さんは至っておおらかに構えている。

「夢は一生をかけて少しずつ形にしていくもので、いっぺんに手に入れられるものではないんだよ」

そう言って、いつもにこにことと笑う。

きょうだいたちの結び目

「フローレンスが来たぞぉおお！！！」

おむつでぷっくり膨らんだおしりをフリフリ揺らす二歳の女の子の登場に、家中が色めき立った。台所から自室から中庭から、わらわらと子どもたちが集まってきてフローレンスに群がる。それはもう、目に入れても痛くないほどのかわいがりようだ。

フローレンスは、私が村でお世話になっていた家族のひとりである。普段は親たちとともに少し離れた一軒家に暮らしているが、こうして時々、母屋の方にも遊びに来るのだ。もちろん、母屋の子どもたちの方からフローレンスに会いに行くこともある。

こういうときの子どもたちには、不思議な一体感がある。かわるがわるフローレンスを抱き上げたり、服の裾で鼻水を拭いてあげたり、パパ・リチャードが店先で流している人気歌手シャタワレ（Shatta Wale）のヒットソング「マイ・レベル（私には「マイ・ラブ・oo《オー》」みたいに聞こえる）」のリズムに乗ってナゾのダンスを披露したり。年下のフローレンスを、みんなで協力しながら世話しているのだ。

反対に普段の子どもたちはというと、ずっと一緒にいるわけではないようだ。同じ家に住む者同士、空間を共有してはいるけれど、二、三人ずつに分かれて思い思いに過ごしている。近所にサッカーをしに行ったり、部屋でテレビを見ながらゴロゴロしたり、中庭でルドゥ（すごろくのようなボードゲーム）に興じたり。もちろん宿題をしたり、親たちの仕事を手伝ったりしていることもある。

こんなことがあった。スティーブン（当時九歳）が二つ年上のいとこクウェクの真似をしてよく工作や絵画をしているように見えたので、私は何の気もなしに「いつも一緒にいるのね」と声をかけた。すると、彼は「違うよ、全然違う！」と口をへの字にして言い返してきたのだ。突如顕われた緊張関係に、私はどきっとした。「彼らは温かくて親しい家族同士なのだ」と思い込んでいたことを、不意打ちで咎められたように感じたからだ。そして私は、スティーブンの母であるマー・シエラとクウェクの折り合いが実はあまりよくなかったことを思い出した。

この家の子どもたちは、きょうだいやいとこ同士を名乗っている。しかし、彼らが集団的な家族として閉じた強い絆で結ばれているのかというと、そうではないように思える。進学や就職の関係で家を出ているほかのきょうだいたちのことを考えれば、彼らもいつかこの家を出たり逆に戻ってきたりしてばらばらになっていくのは自明のことだからだ。そしてそれぞれの場所で、生活上の都合から寄り集まった者たちときょうだいや親子のようなつながりを築いて生きていく。一方、フィールドワークでお世話になった人たちによれば、離れて暮らすようになったきょうだいたちがその後もつながりを保ち続けるのかは、ひとえに個人間の相性によるのだという。

しかし、フローレンスの視点を介してみれば、この先もきょうだいたちはつながり続けるのかもしれ

オワレは、かしこく種まきをして
陣地をとり合うボードゲーム

ない。彼らがともに注いだ愛情は、大きくなったフローレンスの中にきっと残るだろうから。

世話されることの意味

「雨が降りそうだね」

とクウェクが言った。雲は重々しく厚く、今にも私たちのいる中庭に垂れ込んできそうに見える。エクヤと私は慌てて洗濯物を取り込み始めた。ガーナの雨はいつも突然で、そして激しい。水槽の底が抜けたかのような重みをもって「落ちて」くるのだ。私たちは空を眺めて、水の訪れを今か今かと待った。

パシッ。裏庭のヤシの葉が雨をとらえた。パパパン、ポバババババ。続く雫がトタン屋根を打ち鳴らす。屋根からはすぐさま滝のように水が流れ落ちてきて、その下で待ち構えているドラム缶にどくどくと注がれ、そしてあっという間にあふれ出した。それが合図であったかのように子どもたちは次々に服を脱ぎ、雨の中庭に飛び出していく。

桶でドラム缶の雨水をすくって浴びながら踊る子どもたちを、私は軒下の回廊から眺めていた。そして彼らの歓声に紛れてアハハと笑い、声を上げて笑うなんて久しぶりだ、と思った。

留学生活の後半、私はずっと体調を崩していた。早寝早起きガーナ食ですこぶるよくなった肌つやとは反対に、精神的に鬱屈していたのである。

理由はいろいろ考えられるが、根源的には、周囲の人から世話されてばかりいた自分自身へのコンプレックスに収斂する。そのころの私は、ひとりで満足に服を洗うこともガーナ料理をつくることも赤ん坊の世話をすることもできず、ただ食糧を食いつぶし、自分自身でも何の意味があるのかよくわからない調査に村の人を付き合わせ、挙句の果てには何度も病気になって心配をかけていた。誰にも何にも貢献しない私の居場所など、この社会に果たしてあるのだろうか。そんなふうに思っていたころ、私は何気ない、けれど印象的な経験をすることになる。

日本への帰国が数日後に近づいてきた、ある日の夕方のことだ。私はいつものように中庭で弟のクワメ（当時九歳）と一緒にフライドライスを食べていた。普段は甘えん坊のクワメだが、私に対しては世話焼きだ。お米を手で食べ慣れていない私に「こうやってひとくち分にぎにぎして食べるんだよ」とお手本を見せたり、ひとくち大に握ったお米を「あーん」と口に入れてくれたりする。

この日はなぜだか特別、お米の上にのせられた鶏肉を「あーん」してくれたので驚いた。ひと皿を複数人で分けて食べることが多い現地の食事において、肉や魚などのたんぱく源の配分は重大な関心事だ。特に育ち盛りの子どもたちとしては、ひと切れでも多く自分の口に入れたいところである。

それなのに、クワメは大事な肉のひと切れを気前よく私の口に入れて、そしてとろけるような笑顔でこう言ったのだ。

「アコシヤがいてくれて、本当にうれしいなー」

その言葉を聞いて、私ははっとした。この子は私に分け与えるのが心の底からうれしいんだ、と。

思い返してみれば、クワメに限らず、家の子どもたちは私に食べ物を与えるのが好きだった。給食で出された青りんごジュースをこっそり持ち帰ってきて飲ませてくれたり、学校帰りにココナッツの実をとってきてナタで割って飲ませてくれたり。私が近所の店でつけにしていたクッキー代を払うと言ってきかないことすらあった。そしてみんな、自分が調達した食料に手を付ける私を見て、「キシシ……」と満足そうに笑っていたのだった。

私は、これまでの自分の考え方を恥じた。たとえ能動的な存在ではなかったとしても、ただ存在すること、世話されていること自体に大きな意味があるのだという、当たり前のことに気づいたからだ。そして私は晩年病気を患っていた祖父のことを思い出して、「介護をしていたとき、私は祖父のことを邪魔だ、社会のお荷物だ、なんて思っていただろうか？」と改めて考えた。そんなはずはなかった。私は食事の介助をしながら、部屋を掃除しながら、訳のわからない話をききながら、いつも思っていたのだ。「お世話させてくれてありがとう」と。生産性の呪いにかかって勝手に苦しんでいたのは、ほかでもない私自身だったのである。

なんだ、居場所はもうとっくにここにあったじゃないか。私は胸がすくような気持ちがした。ガーナとそこに生きる家族が私の現実の半分になったのは、このときからだと思う。

フライドライスをつくるパパ・プリンスとクワメ

私の姉になる人

エマニュエル兄さんが「僕の友人だよ」と紹介してくれた女の人ははじめ、あんまりうれしそうじゃなかった。彼女はこちらをじっと見て……一瞬の思案ののち、独特のたおやかな雰囲気を湛えて微笑む。私はすぐに彼女――アンティ・リティシアのことが好きになった。

アンティ・リティシアは、私がフィールドワークをしていた公立中学校に務める家庭科の先生である（アンティは女性に対する敬称。「〇〇さん」のような意味で、若い女性に対しても使われる）。正確に言うと、彼女からの手助けを期待したエマニュエル兄さんが私をこの学校に「預けた」のだ。片言のチュイ語しか話せない私がこの学校で家族についての質問票調査を行なうことができたのは、ひとえに彼女や同僚の先生たちの協力のおかげである。

　ある日、アンティ・リティシアが中二のクラスで調理実習を行なうというので私も参加させてもらうことにした。椅子と机しかない質素な教室で、どうやって調理を行なうのだろう。そう思いながら学校に行くと、教室には大きなボウルとナイフ、色とりどりの果物が用意されていた。パイナップルやパパイヤ、バナナ、すいかに加えて、エドゥビアでは絶対売っていない高級品の青りんごまである。先週、エマニュエル兄さんが「リティシアとクマシ（アシャンティ州の州都）まで買い物に行ってくるよ」と言っていた理由はこれだったのか。私はようやく合点がいった。

　生徒たちは教室で料理をするという非日常感に浮足立ち、終始ざわざわしていた。四つの班に分かれて果物を切り出しても、ふざけ合っていてうまくいかない。どの子も、私が思っていたほどうまく包丁を使えるわけではないみたいだ。見かねたアンティ・リティシアが「ほら、貸してみなさい」と果物を受け取る。

　ザク。芯まで甘く熟したパイナップルの皮がそぎ落とされ、その果肉がじゅくじゅくと音を立てて刻まれていく。次は青りんご、サクサク。最後にすいか、シャク、シャク、じゅるり。まな板なんか使わずに、寄ってくるハエなどものともせず、アンティ・リティシアは次々と果物を切りわけていった。

この日の教室も、普段人々が料理をする中庭や台所も、抗菌仕様のシステムキッチンとはかけ離れた場所だ。もちろん、マスクや手袋など特別な身支度を整える人もいない。でも、熟練された力強い手さばきには人を安心させる何かがあって、その手にかかったものには不思議な清潔感が宿る。むしろ、美しいってこういうことを言うのではないか。そんなことを考えながら、私は生徒たちと一緒にアンティ・リティシアの手つきをみつめていた。

私がガーナを去って一年が経った二〇二〇年の六月、アンティ・リティシアはエマニュエル兄さんと結婚した。新型コロナウイルスの影響で挙式は大幅に簡略化されてしまったけれど、送られてきた写真のふたりはとても幸せそうだ。次に行くときには、夫となったエマニュエル兄さんや、妻、そして私にとっての姉になったアンティ・リティシアに会える。その変化がどんなふうにフィールドの人々の、そして私たちの関係性に影響していくのか、今からとても楽しみである。

アンティ・リティシアと中学校の生徒たち

レシピ 🍴

生のピーナッツを入れたライトスープ

ガーナ料理では珍しい、油を使わないヘルシーなスープ。生のピーナッツを入れるのは、とれたてのものが手に入った時だけ。軽い口当たりのスープにまろやかさが加わってとても美味しい。

教えてくれた人：マー・シエラとエクヤ

材料

A
- 生のピーナッツ（殻を外したもの）……3つかみ程度
- 黄なす（白なすが熟れて甘くなったもの）……5個（お好みで調節）
- トマト（ガーナのトマトは果肉が厚い中玉）……2個
- 赤のローカルとうがらし……10個

B
- しょうが……2〜3個
- 玉ねぎ（ガーナの玉ねぎは小さい）……1〜2個

C
- 燻製魚……全員がひとかけら以上食べられる量
- 肉……全員がひとかけら以上食べられる量

- 塩……適量
- えび味のONGA（ガーナなどで一般的に使われている、キューブ状のだし調味料）……適量
- トマトペースト……お好みで

下ごしらえ

① Aを柔らかくなるまで煮て水を切る。

② Bの皮を取り除いて適当な大きさに切る。

③ Cをぶつ切りにする。

作り方

1―すり鉢でトマトと赤のローカルとうがらしをすりつぶし、Bを入れてさらにすりつぶす。ペースト状になってきたら、ピーナッツを入れてさらにすりつぶす（このタイミングでトマトペーストを加えてもよい）。滑らかになったら、一度すり鉢から出す。

2―空いたすり鉢で黄なすをすりつぶす。そこに1を加え、さらにすりつぶす。

3―Cを鍋に入れ、適量の水（このレシピの分量なら、中型鍋6割くらい）と一緒に火にかける。塩とONGAを入れる。

4―2を鍋に加え、煮立たせる。塩味が足りなければ足す。

5―フフなどの主食と一緒にお皿へ盛り付け、完成。

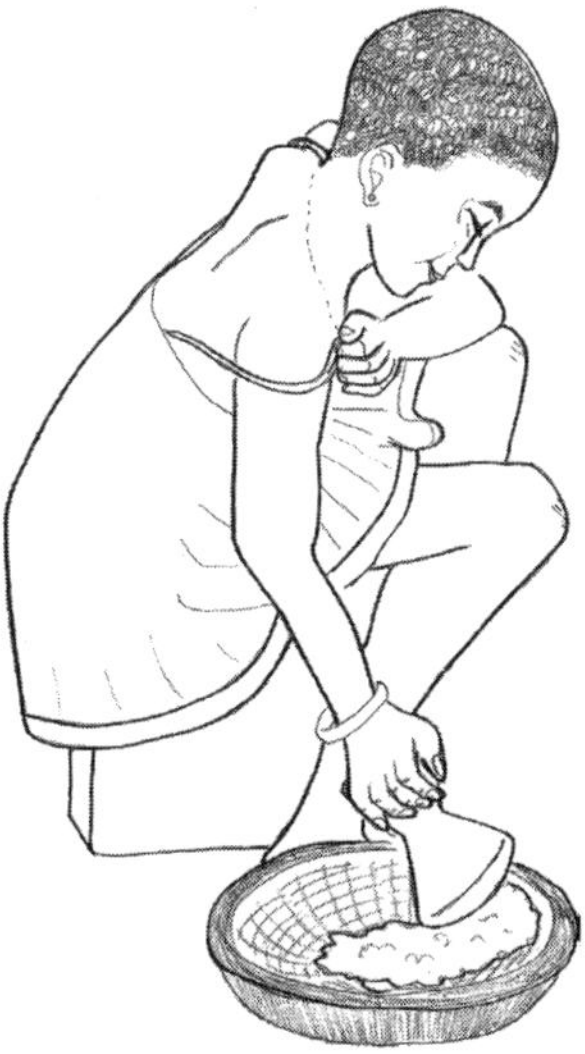

なすをすりつぶすエクヤ

第三章

世話でつながりを編む

私のフィールドワークについて

八つのフィールドを流動する

私は二〇一七年二月にガーナを訪問したのち、二〇一八年八月、ガーナ大学との交換留学生として再び現地へ舞い戻った。しかし実際のところ、私がガーナ大学のキャンパスにいたのは留学期間一〇か月のうち最初の四か月間だけだ。友人たちが週末ごとにかわるがわる家族のもとへ連れていってくれたことにより、市井の人々の語りの面白さに目覚めた私は、後半六か月を町や村でのフィールドワークに費やすことにしたためである。

そんなわけで、私には通ったり、滞在したりしていたフィールドがガーナ南部だけで七つもある（左頁の❶〜❼を参照）。さらに、二〇一九年からは埼玉県の草加市近辺でも参与観察を行なっているため、そちらも含めると八つだ。

4

ガーナ 

50 100km

❶アクアペム・ヒルズ
(Akuapem Hills)

2019年2月〜4月、インターンをしていた地域

❷アッシャーマン
(Ashaiman)

フェリシアの兄ら家族が暮らしている地域。2018年8月、2023年4月に計1週間程度滞在

❼エドゥビア
(Adubia)

エマニュエル兄さんとその家族が暮らしている地域。2019年1月、5〜6月、2023年4月に計3週間程度滞在

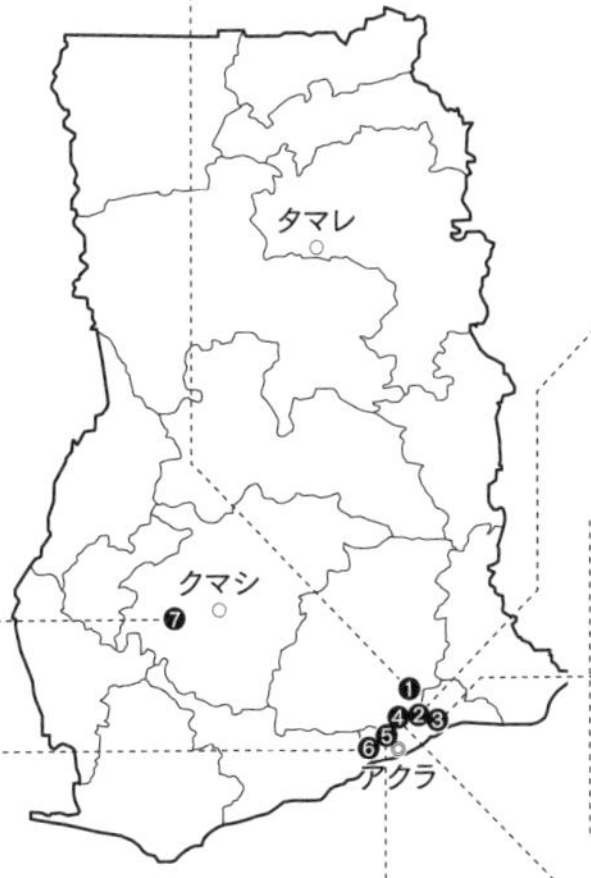

❸テマ(Tema)
コフィとおばら家族が暮らしていた地域。2018年9月〜2019年5月に、3回程度訪問

❻マカラティ・ヒル
(McCarty Hill)

フェリシアの祖母ら家族が暮らしていた地域。2018年8月〜2019年5月に10回程度訪問、計3週間程度滞在

❺ガーナ大学
(University of Ghana)

2018年8月〜12月、敷地内の寮に滞在。フェリシアやフィデルスと出会った。

❹マディナ(Madina)
コフィの祖母ら家族が暮らしていた地域。2018年9月〜2019年5月に、3回程度訪問

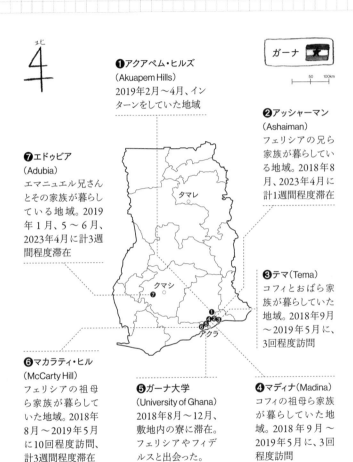

日本でのフィールド——埼玉県草加市近辺のガーナ人コミュニティについて

「日本にガーナ人コミュニティがあるの？」と驚く読者もいるかもしれない。確かに日本において、ガーナを含むアフリカ地域出身者に出会う機会は少ない。実際、出入国在留管理庁によると、二〇二二年一二月時点における その在留人口は二万五七三人、日本の総人口概算値の約〇・〇一六％だ。しかし、彼らの多くは同郷のエスニック・コミュニティを頼りに関東の都市近郊で生活しているため、特定の地域ではよく見かける存在となっている。

私がフィールドワークをしている埼玉県草加市近辺は、そんな集住地域のひとつだ。二〇二二年一二月時点で日本に在留するガーナ国籍者二六六五人（出入国在留管理庁調べ）のうち、一一四人が草加市に（草加市調べ）、三五人が隣の川口市に（川口市調べ）暮らしているという。また、具体的な数字は公表されていないが、同じく近隣の埼玉県八潮市、東京都足立区などに住まうガーナ国籍者もいる。

草加市内の中心的な駅から少し離れたところにはガーナ食品店や料理店、

服の仕立て屋などがあり、そこはまるで「小さなガーナ」のようだ。そして、休日に道を歩いているだけでしょっちゅうガーナ人らしき人と行き交うところをみると、どうやら同郷者コミュニティや宗教コミュニティの集まりなどのために、周辺の市区からもガーナにルーツを持つ人々が足を運んできているようである。そのため、実際に草加市近辺を生活圏としているガーナ国籍者は、統計上の人数よりもずっと多いと考えられる。

家族関係についての聞き取り調査の主な協力者

私はフィールドにおいて、主に血縁や婚姻関係を超えた家族関係についての聞き取り調査を行なっていた。現地での日常生活の中で少しだけ話を聞かせてもらった人を含めれば、協力者は一〇〇名近くにのぼるだろう。しかし、来歴と家族観を詳しく語って聞かせてくれた主な協力者は次ページにイラストと名前を記した五名である。なお、当人たちからの希望に沿い、一名を除いて実名を掲載している。

それ以外のフィールドの関係者については、本人から実名掲載の希望が

きょうだい

コフィ
Mr. Kofi Charles Afrifa Acheampong
2018年4月〜7月にガーナ大学から東京外国語大学へ留学していた。私とはその時点から家族ぐるみの交流があり、今ではきょうだいとして付き合っている。好きな日本食はうなぎ

兄妹

エマニュエル兄さん
Mr. Emmanuel Ofori Asiedu
私がはじめてガーナに渡航した2017年に知り合った、私の兄。留学中には、農村部でフィールドワークをしたいという私の希望に応え、自身が住む村、エドゥビアに呼び寄せてくれた。素晴らしい声の持ち主で、讃美歌を歌うことが好き。将来は社会開発に携わる牧師を志している。

姉妹

フィデルス
Ms. Firdaus Uthman Michiyo
ガーナ大学にいるときにコフィの紹介で出会った友だち。私とは、彼女の生母ママ・ムナを通じてつながる、娘同士でもある。日本生まれのガーナ人で、小学校の途中までを千葉県で過ごした。趣味は踊りとメイク

姉妹

フェリシア

Ms. Adasori Memuna Badivi

ガーナ大学で出会った同級生。私がキャンパスで過ごした4か月間、毎日のようにお互いを訪ね合うこと、そしてその後も日常的に連絡を取り合うことによって、私たちは姉妹になった。気が長く温厚で、誰からも愛される性格。得意料理はジョロフライス

※フェリシアは、高校生のころイスラームからキリスト教へ改宗したため、本名と通名が異なる。

筆者

母娘

母娘

ママ・ムナ

Ms. Meimuna Hussein

草加市近辺に住む、私の母。日本でビジネスをしていた夫との結婚を機に来日し、その後まもなくフィデルスとその弟を出産した。現在は工場で働きながら、妹のラティファ姉さんとともに孫のイッイーを育てている。好きな日本の歌は「明日があるさ」

あった場合、もともとニックネームで呼ばれていた場合、そしてデイネーム（現地において、生まれた曜日と性別に即して与えられる名前）など匿名性が高い名前が通称であった場合を除き仮名とした。また、地域名についても、特定を避けるために詳細を記していない場合がある。なおその際には、それぞれの民族的・宗教的・社会状況的アイデンティティと相違ない名前・場所を用いるように心がけた。

家族関係を表す言葉について

私がフィールドワークを行なっていた地域で主な共通語とされているチュイ語には、家族関係を表す言葉が複数ある。例えば、「家族」を指す一般的な表現はアブスヤ（abusua）だが、「同じ家に暮らす人々」はエフィパンフォ（efipamfo）だ（実際には「屋敷」などを意味する英語のcompound《コンパウンド》を使うことが多い）。また「核家族」（夫婦と子どもから成る家族）をアブスヤ・ケトゥワ（abusua ketewa）、「拡大家族」（核家族以外の血縁者を含む家族）をアブスヤ・テンテン（abusua tenten）と言うこともできるが、特に若年層においてはこれらの単語を知らない人も増えてきている。そのため、英語でそれぞれnuclear family《ニュークリアーファミリー》、extended family《エクステンディッドファミリー》と言った方が通じる節があった。このような事情から、私は調査の際、主に英語を使用している。また、残念なことに私のチュイ語は日常会話にしか対応できず（しかも、日本に帰ってきてからどんどん衰えている）、概念的なやり取りができるレベルには程遠い。そのため、相手が英語を習得していない場合は、基本的にチュイ語と英語両方に通じた人に通訳を頼んで意思の疎通を図っていた。

このような限界により、私は現地の人々が英語でfamily《ファミリー》（家族）またはsister《シスター》・brother《ブラザー》（いずれも、きょうだい）等と言い表す関係性を、現地語においてどう説明するのか知ることができなかった。そのため、この本においては、英語のfamilyを一義的に家族と訳している。

また、フィールドの人々が説明する家族関係には、血縁・婚姻によるつながりがない人が含まれる場合が多々ある。しかし、それは往々にして第三者の目からは気づくことができないものだ。そのため、この本でガーナの家族関係に言及する際は、徹底して当人たちの認識に添った家族関係を表す言葉を用い、丸ゴシック体で表記した（家族、母、兄など）。よって、丸ゴシック体の用語には、**血縁・婚姻によるつながりがある人もない人も含まれている。**

血縁や婚姻に拠らない家族関係は、親しさによって成り立っていることが多い。しかし、フィールドワークの中で、私はその親しさが実践（例えばものをあげるなど）としてどのように・どの程度表れるのかまでは詳らかにしなかった。それはともすると、行為の大きさや頻度で関係の深さを評価することになりかねないと思ったからだ。そのため、この本における解釈は、おおむね協力者たちの主観的な語りに拠っている。

それゆえ、私が聞き取った家族関係の中には方便も含まれているかもしれない（例えば、当人の目の前で「この人と私は姉妹と言えるほど親しくない」と口にすることは、それが本音であればこそ難しいだろう）。また、この本を執筆していた三年半の間に途切れたり、変化したりした関係性もあると思われる。

しかし、この本で描く家族関係の面白さは、まさにそこにあるように思う。その高い流動性に触れて、私はこれまで絶対的なもの、不変であるべきものとして受け止めてきた家族関係の相対性を知った。時とともに移ろうのは人間関係の常であるはずなのに、家族関係だけは異なるべきと思い込んでいた自分に気づいたのである。

このような理由から、方便や時間の経過による変化も含めて、私はフィールドで出会った人々のありのままの語りを大切にしている。

なお、話の流れ上、生物学的な意味での親への言及が必要な場合は、生みの母を「生母」とする表現に倣って、「生父」「生親」と表記した。日本語において、これらは「実母」「実父」「実の親」と記されるのが通例だが、そこには「生物学的な親こそが本当の親である」という価値観が含まれる。これは、調査協力者の認識と一致しない部分があるため、この本では用いていない。

また、「生母」「生父」「生親」という言葉を使う場面では、対比のために、育ての親のことを「育母」「育父」「育親」と記した。なお、より一般的な表現である「養親」「養父」「養母」を使わなかったのは、現地社会において、必ずしも育親が子を扶養しているとは限らないためだ。育親が、生親から提供された金銭を使い、子の世話をしているケースは少なくない。

子育てする祖母たち

「おばあちゃんとのいい思い出？　いっぱいあるね。……今思い出したのはね、おばあちゃんが隣町の市場まで玉ねぎを買いつけに行く日のこと。僕は学校があったんだけど、おばあちゃんのことが恋しくて隣町へ向かうバスの後を泣きながら追いかけたんだ。ずーっとずっとね。見かねた知らない女の人が、僕を拾って学校まで送り届けてくれたよ（笑）」

私のきょうだいであるコフィは生まれてから一三年間、主に父方の祖母の手によって育てられてきた。コフィが生まれてすぐ、生父母が首都へ出稼ぎに行ったからだ。母系社会とされるアカンでは、一般的に父方よりも母方の家族とのつながりの方が濃いと言われているが、コフィの場合は母方の祖父母がすでに他界していた。そのような背景から、コフィは父方の家族のつながりの中で生活することになったのである。

「ガーナではニジェール産とガーナ産、二種類の玉ねぎが流通しているんだ。一般的にニジェールのは大きめで、ガーナのは紫色がもっと濃くて小さいよ。市場で見ればすぐわかる。僕はガーナ産の方が好きかな」

コフィは祖母が従事していた玉ねぎ（ときどき魚）売りの商売について、とても詳しい。バスで一、二時間ほど山道を揺られるのが楽しくて、学校が休みに入るたびに祖母とともに買いつけに行っていたのだという。祖母に代わって玉ねぎを運んだり、葉の部分を切り取るのを手伝ったりしていた小さなコフィを想像すると、なんだかとても微笑ましい気持ちになる。

こんなふうに、祖母が主力となって子育てを行なうのはガーナでは一般的なことだ。特に生産年齢人口が出稼ぎで流出しがちな農村部にはお年寄りと孫世代が残される場合が多く、彼らはお互いに助け合いながら日々の生活を送っている。

一方、都市部でも祖母による子育て文化は健在である。例えば、フェリシアの

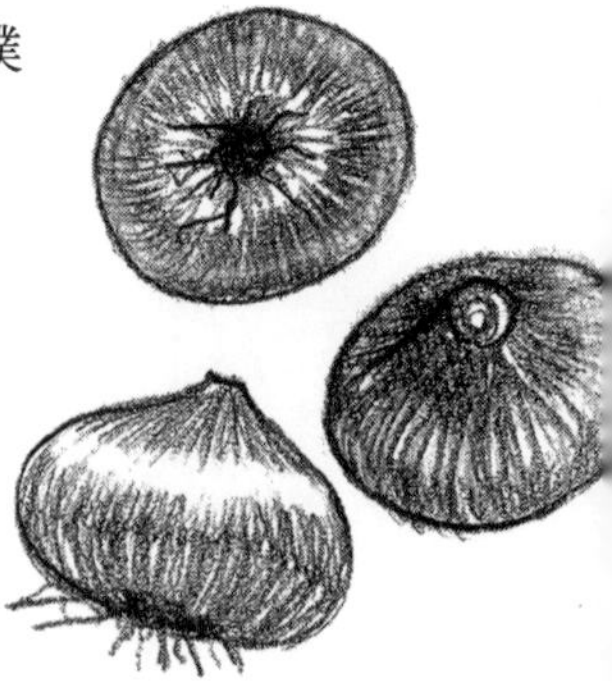

ガーナの紫玉ねぎ

祖母であるダイアナおばあちゃんの家には、ジジという生後一歳に満たない赤ちゃんがいた。

「(生母の)アンティ・エスが仕事と上の子どもたちの世話で忙しいから、ちょっと預かっているのよ」

と、ダイアナおばあちゃんはなんのこともなしに説明する。しかし、一か月たっても三か月たっても、ジジが生母のもとに帰る気配はない。むしろ生母の方が数週間に一度様子を見にやって来るスタイルのようだ。

私は留学当初、このような育児スタイルに対して戸惑いを感じた。生親が乳児を甲斐甲斐しく世話するのがどの社会でも「当たり前」であると思い込んでいたからだ。そんな私にとって、当たり前に子離れ・親離れしながら共有される現地の子育ての在り方は衝撃的であった。

しかし、すべての祖母が子育ての主力となるわけではない。歳を重ねて目がよく見えなくなり、耳が遠くなり、腕が細くなった祖母たちはもう身体的に孫の世話をすることはないからだ。彼女たちの多くは家の中庭や自室で静かに目を閉じたり開いたり、まどろみの中で生きている。でもそのそばには、不思議なくらい必ず孫たちの姿があるのだった。

老齢の祖母と孫たちは特に会話を交わすことなく、しかし自然と同じ空間を共有してお互いを視界に入れていた。そして祖母が手伝いを必要としているときは、孫の誰かがそれとなく助ける。また、孫たちが行儀の悪い振る舞いをしたときには、祖母が目ざとく見つけて「こらっ！」と注意していた。

老齢の祖母たちの多くは、日常的に英語を使う環境で過ごしてきていない。そのため、私は孫たちの通訳なしでは彼女たちと会話することすらできなかった。しかし、まどろみのなか満足そうに孫を眺める彼女たちを見ていると、私は言外にこう語りかけられているように思えたのだった。「見ることは愛することですよ」、と。

あなたの祖父母はどんな人？

「おばあちゃんはしつけのためにケーンを使った？」

コフィから祖母との思い出話を聞いているとき、ふと思い立ってこんなことをきいてみた。ケーンというのは、ガーナの家庭や学校で使われるムチのことだ。日本のスーパーで夏場に売られている「お盆セット」の麻殻に似ているが、もっと強度が高くてよくしなる。私の質問に対して、コフィは「へへへ！」と笑って（これはうれしいときの彼の笑い方だ）、「うん、もちろん使ったさ！」とうなずいた。それに対して、「おばあちゃん厳しかったんだね」とコメントすると、コフィは慌てて「違う違う」と首を振る。

「ここではみんなやることだよ。ふつう！　それに、僕は悪い子だったと思う（笑）。

毎週土曜日には畑に行くことになっていたんだけど、さぼって行かなかったんだ。ビデオゲームをしにゲームセンターに行ったりして。センターは家と畑の間にあったから、おばあちゃんが帰ってくるとケーンでひっぱたかれたよ、へへ」

フィールドワーク中、年長者が子どもや若者を勢いよく叱り飛ばしている場面に、私もよく出くわした。それは、日本では一般的に「孫に甘い」と言われがちな祖父母たちも同様で、彼らは度々声を荒げて子どもの振る舞いを注意し（孫たちを見ている祖父母の口から発せられる言葉の八割が小言、二割が手伝いなどの言いつけなのではないかとすら思う）、そしてその言葉は絶対的な効力を持つようだった。

でも、現地の子どもや若者がそれをいやがっているのかというと、程度や個々の関係性にもよるのだろうが、そうではないことも多い。例えば今のコフィにとっては、祖母に怒られたことさえもいい思い出であるようだ。どうやら、第三者から見て厳しくみえることと愛がないことは、似ているようで全く違うらしい。

フィールドの祖父母たちは、普段の生活のなかで孫とどのように関わり合っているのだろうか。そんな疑問を持った私は、エドゥビアの公立小・中学校で二〇一九年一月、約四日間にわたり質問票調査（対中学生）と描画・聞き取り調査（対小学生）を行なった。対象は中学一〜三年生六一名（二日目五九名）、小学校五、六年生四四名の計一〇五名だ。ちなみに、ガーナでは幼稚園二年、小学校六年、中学校三年が基礎教育と位置づけられている。なお、ユニセフが公開しているデータによると、二〇二〇年時点でのガーナの中学校修了率は約四七％であり、決して高くない。ただしエドゥビアをはじめとする農村部では、ひとつの学年に二歳以上歳の違う子どもが在籍していることが多かった。これは、経済的な事情などから就学が遅れたり、中断ののち再開したりすることがあるためである。

「あなたは祖父母とどんなふうに遊びますか？」

中学校での質問票調査の中でこんな質問をしてみたところ、いちばん多かったのは「ストーリーテリング（昔話などを語って聞かせること）」という回答だった（一年生六人、二年生四人、三年生一四人の計二四人）。また、「一緒に歌をうたう」と答えた生徒が計一二人（一年生九人、二年生二人、三年生一人）と次いで多く、第三位は計一〇人（一年生二人、二年生一人、三年生七人）が回答した「ルドゥ（すごろくのようなボードゲーム）」である。

一方、「一緒に遊ぶことはない」（二年生男子）、「ただ従うだけ」（二年生男子）と答えた生徒も複数人いるのが印象的だった。また、全体的に、この質問に複数回答した生徒は計七人と少なかった（一年生三人、二年生一人、三年生三人）。

それでは教育的な面に焦点を当てたときには、どのような状況が浮かび上がってくるのだろうか。同じ中学生への質問票調査で、私は生徒たちにこのような問いを投げかけた。

「あなたは、祖父母から何を教わりましたか？」

いちばん多かった回答は、男女問わず「料理を習った」というものだ（一年生一二人、二年生四人、三年生四人の計二〇人）。そして次に「お年寄りの敬い方を教えてもらった」という趣旨のものが多かった。このような回答をした生徒の数は、類似の「お年寄りへの口のきき方」と合わせると計一八人（二年生二人、三年生一六人）にのぼる。また、前述の遊びに関する質問に対する答えが全体的にとても短かったのに対し、この問いへの回答は長文で抽象的な内容が綴られているのが特徴的だった。その一部を紹介したい。

私の祖父母は、お年寄りに対してどのような言葉遣いをしたらよいか、どのように挨拶するか、どのようにお行儀よくごはんを食べるかを教えてくれます。また、どんなふうにお年寄りに対して敬意を表すべきかについても教えてくれます。（二年生女子）

祖父母は僕に対して、従順でよく人を敬うように教えてくれました。そうすればより長く生きられるから、と。（三年生男子）

祖父母は、他者に敬意を持ち、従順で、心温かでやさしい人間であるにはどうしたらよいかを教えてくれます。また、ご先祖様の話を聞かせてくれます。例えば、ヤァ・アサンテワァとオコンフォ・アノチェの話など（オコンフォ・アノチェは、南部ガーナにかつて存在したアシャンティ王国の草創期に、国の発展に貢献した宗教指導者の名前。一方、ヤァ・アサンテワァは、アシャンティ王国末期の王母のひとりで、イギリスの植民地侵略に対する戦争を指揮したことで知られている）。（三年生女子）

　また、遊びに関する質問に対する答えとして多く挙げられたストーリーテリングについて、何人かの生徒は「祖父母から教わったこと」の項目で言及していた。この傾向については、別の機会に小学生を含む子どもたちが再現してくれたストーリーテリングの形式を踏まえると納得できるだろう。一般的に、ストーリーテリングを終えるときには話し手から聞き手に「このお話の教訓は何ですか」という質問が投げかけられる。そして聞き手の答えを受けて、「そうですね、こういうことはしてはいけませんよ」「こういうふうにすれば成功できますよ」というふうにまとめられて終わるのだ。例えば、こんなふうに。

「どうして空は高くのぼったか」

あらすじ　昔、オニャンコポン（神）のいる空は人間のすぐ近くにあった。しかしある時、頑固な女が空を棒で打ちオニャンコポンの怒りに触れたため、空は高く高く上にあがってしまった。

教訓　頑固なのはよくない。

「アププの歌」

あらすじ　ある年、海沿いの土地で雨が降らず農作物が枯れ、動物たちも次々に死んだ。それを見かねたアププ（小さなカタツムリ）が森から出てきて、とてもきれいな声で雨乞いの歌をうたった。それによって雨が降り、人々は難を逃れた。それを見ていた神は、アププがこの土地にとどまるよう、その歩みをゆっくりにした。そんなわけで、今でもガーナの海辺にはアププがいっぱいいるのだ。

教訓　助けたものは覚えられている。

私が「おじいちゃん・おばあちゃんに習った昔話を教えて」と言ったとき、子どもたちは競い合うようにしていろんな話を聞かせてくれた。しかし、中には文脈が飛んでいたり、話の内容と教訓が結びついていないように思えたりするものもある。

私は特に、「アププの歌」の結末が気になった。なぜ神はアププの歩みを遅くし、海沿いの土地に留まらせたのか。歩みが遅くなることも、故郷の森に帰れないことも、私にはむしろ、罰のように思えた。

この話は、海沿いの地域出身の祖母を持つ女の子が話してくれたものだ。しかし彼女自身も、この話の結末と教訓には首をかしげていた。また、調査を行なったエドゥビアは内陸にあるため、周囲の人が解釈を付け足すこともなかった。エドゥビアを去った後、私は度々「アププの歌」のことを思い出してガーナ出身者に尋ねてきたが、いまだにこの話を知る人には出会えていない。

しかし、この話を聞いてから三年近くが経ったある日、私の中にある考えがよぎった。この話は、「他者との関係性が人をつなぎとめる」ことを伝えているのかもしれない、と。当初、海辺の土地の人々と何のつながりもなかったアププが、彼らを助けたことにより認知され、関係性が生まれる。そうすると、アププは海辺の土地につながりを感じるようになり、そこを離れがたくなる。アププは決して罰せられていたわけではなくて、新たな故郷を見つけていたのかもしれなかった。

物語の面白さは、いかようにも解釈できるところにある。首をかしげながらアププの物語を語った女の子も、もしかすると今ごろ、私とは別の解釈を見出しているかもしれない。祖父母たちから受け継がれた物語が孫たちの中で熟成され、ふとした瞬間に気づきをもたらすこと。それはとても素敵な贈り物であるように思えた。

子どもたちは見た！
おじいちゃん・おばあちゃんの日常

エドゥビアの公立中学校でのアンケート調査と並行して、私は隣にある公立小学校の五、六年生にも、少し変わった調査に協力してもらっていた。それは、「私のおじいちゃんとおばあちゃん」という題で絵を描いてもらい、それを基に普段の祖父母の様子を語ってもらうというものだ。

児童四四人の作品には、アンケートにおいて厳しい教育者として語られていた祖父母たちの異なる面が、雄弁に描き出されている。そのうちの一部を紹介したい。

「もう準備できたわよ、教会に行きましょ！」とおじいちゃんに呼びかけるおばあちゃん

夕ごはんの後、近所の友人を訪ねるおじいちゃんとおばあちゃん

結婚式でダンスをするおじいちゃんとおばあちゃん

寝ているおじいちゃんとそれを起こすおばあちゃん

老眼鏡を掛けるおじいちゃんとおばあちゃん

畑に草取りをしに行くおじいちゃんとおばあちゃん。エドゥピアでは、「家族を守るため」という理由から水曜日は畑に行かない。ボルタ川でささげる供物と関係しているらしい。

街のマーケットに行くおじいちゃんとおばあちゃん。アップル（現地ではサワーサップのことを指す）、パイナップル、オレンジ、バナナなどを買う。

サーモン（現地ではさばなどのことを指す）を入れたシチューとライスをつくっているおばあちゃん。おじいちゃんは後ろで座っている。

子どもの教育のためにお金がほしい。どうやったら牛を売ることができるか話し合うおじいちゃんとおばあちゃん

結婚を契機とした家族

「血がつながっていないのを意識することってないの？　扱いが違うなって感じたりとか、けんかしたときの仲直りが難しかったりとか……」

「ないね」

コフィは血のつながっていない祖父パパ・アフリファと、高校時代から一緒に暮らしている。彼はコフィの父の姉の夫、つまり日本語でいうところのおじにあたる人だ。しかしコフィの場合、彼から名前の一部であるアフリファをもらったという経緯から、第三者には彼のことを祖父として紹介する。現地では、生親が親しい人や尊敬する人の名前を子どもにつけることがよくあるのだが、年代や血縁・婚姻上のつながりに関わらず、名づけ元は子どもの祖父母になるのだ。

「家では、パパ・アフリファと一緒にサッカーのヨーロッパリーグの中継番組を見たりするよ。パパは記憶力のよい人で、昔の試合の出来事をびっくりするくらいよく覚えているんだ。そういう蘊蓄をきくのが、なんていうか、僕にとっては面白いんだよ」

私はコフィの話を、私とおばたち（両親の兄らの配偶者）の関係性と重ね合わせながら聞いていた。そして素直に「いいなぁ」と思った。

親族同士の往来が盛んな田舎の家庭で育った私にとって、おばたちは血のつながりこそないものの、物心ついた時からそばにいる存在だった。しかし、だから気の置けない関係なのかと言われると、正直ぐっと言葉に詰まってしまうところがある。私たちの間にはいつからか、うっすらとした緊張感が漂うようになっていた。

小さいころ、私はおばたちのことが大好きだった。おばたちがどこに行くにも付いていきたがり、遊びたがり、お風呂に入れてもらうことさえあったくらいだ。けれど、きっかけは本当に些細なことだった。四歳くらいのころ、休日に退屈していた私は、当時好きだった家族ごっこをするためにおばのひとりをつかまえてこう言ったのだ。

「ねえねえ、おばちゃんのこと、今日だけ「お母さん」って呼んでもいい？」

しかしおばは、私の言葉を思いのほか真剣に受け止めたようだ。

「だめだよ。お母さんはひとりだから「お母さん」なんでしょ」

そのときおばが引いた一線は、幼く柔らかかった私の心に強い印象を残した。そうか、お母さんはひとりなんだ。そしてこの人は、私のお母さんに類する人ではないんだ、と。

それ以来、私はおばたちが自分のことをどう思っているのか気にするようになった。そうするとたくさん見えてくる。「今日遊びに行ってもいい？」「私も付いていってもいい？」そうきくたびに、おばたちが少し戸惑っているのが。

このほかにも、小さなすれ違いが澱のように重なっていくなかで、私はおばたちに当たり障りのない態度で接するようになった。そうなると、どんどん距離は開くばかりだ。そのことを、「血がつながっていないのだから、仕方がない」と諦めながら、私はおとなになった。

しかし、コフィとパパ・アフリファが、家族の婚姻や名づけというきっかけを超えて主体的な家族関係を築いているという事実は、私の偏狭な見立てに再考を迫っていた。血縁の有無にとらわれて家族関係を制限していたのは、ほかでもない私自身かもしれないということに、私はうすうす気づきはじめていたのだった。

それでも子育ては女性の仕事

二〇一九年一月、私がフィールドワークのためにガーナ大学の寮を出たのと時を同じくして、フェリシアもまたキャンパスの外にいることが多くなった。アクラ郊外の町アッシャーマンで暮らす次兄の妻、アンメリア（主に西アフリカの内陸部で共通語として用いられるハウサ語で新婦を意味する言葉。フェリシアは彼女をこう呼んでいた）が故郷に帰ってしまい、子どもたちの世話をしなくてはならなくなったのだ。フェリシアは毎週木曜日の授業が終わるとトロトロに乗って家に向かい、家事と育児をこなして月曜日にキャンパスへ戻る怒涛の生活を送るようになった。

私はガーナの人々が「子育ては生親がすべき」と語る場面を見たことがない。むしろ、血のつながりの有無に関わらず、周囲の人々が目と心をかけて子どもを育てることこそが当たり前とされているように思う。例えば火遊びをする子どもがいれば、たとえそれが話したことのない子でも遠慮なく叱るし、夕飯時に近所の子どもが家にいれば当たり前のようにごはんを食べさせる。

しかしそれでも、家族以外の人が子育ての主力を担ってくれるわけではない。また、ガーナでは南部・北部を問わず、子育ては女性の仕事とされる傾向がある。子どもの家族とみなされる女性への負担は依然として大きいのだ。

フェリシアと兄たちは生母が異なるが、同じ家で育った。フェリシアが幼いころ、「男ばかりの家を切り盛りする父の第一夫人の助けになるように」と兄たちのいる家に引きとられ、そこで八人きょうだいの末っ子として育てられたためだ。そして大学進学を機に、兄たちを頼って首都アクラへ出てきたのである。フェリシアが大学で学ぶための経済的負担は、すべて次兄が負っていた。

フェリシアの生い立ちからは、現地のジェンダーバランスが透けて見える。家族を養うための経済的負担は男性に、身のまわりの世話の負担は圧倒的に女性に偏っているのだ。これについて、私の世話役であるエマニュエル兄さんは次のように語っていた。

「子どもを身体的に世話するのは、ほとんどの場合女性だね。男性は少し手伝っているに過ぎない。そのかわり、男性たちは金銭的に子どもを世話しているよ。それが僕らの伝統文化なんだ」

それに加えて、核家族を超えて子育てを共有することが当たり前とされる現地社会では、兄の子育てにフェリシアの貢献が求められる。そのため、冒頭で説明したような状況が生まれたのだ。複数人による子育ては孤立を防ぐけれど、負担が軽くなるかというとそうとも限らない。主に女性にとっては、逆に増えているように思えることもある。

この時期のフェリシアに「子どものお世話をするの、好き？」と尋ねたことがあった。フェリシアは微笑んで、当然よと言うように「子どもと一緒にいるのが幸せなの」と答えた。けれど、時折浮かぶ険のある表情を見ていると、それだけが本音ではないだろうと思ってしまう。誰かを世話することの大変さと楽しさは、両立してしまうから厄介なのだ。

しかし、子育てを共有する社会のよいところは、ほとんど誰もが世話に慣れていることである。つまり、誰かを世話するときの矛盾含みの感情を、周囲の人がすんなりと理解できるということだ。実際、ルームメイトたちは忙しいフェリシアをいたわり、つくったごはんを頻繁に分けてあげていた。

数か月してやっとアンメリアが家に帰ってきたとき、フェリシアは憮然としてこう言った。

「もう、絶対にアッシャーマンになんか行かないんだから！　私が帰るのはマカラティ・ヒルのおばあちゃんのところだけよ。アッシャーマンには、卒業まで行かない!!」

しかし結局、一か月後には人懐こい笑顔を見せながらアッシャーマンに通ってしまう、いい子のフェリシアなのであった。

「小さなガーナ」の子どもたち

「有紀せんせい！」

　モスクの礼拝所に置かれたついたてと絨毯の隙間から、くりくりした目がこちらを覗いている。先生じゃないんだけどねーと思いつつ、私はしゃがみこんで床に頬を付け、その元気な声の主、イッイーと目線を合わせた。イッイーは本当にうれしそうに、ほっぺたをぷくぷくさせて笑う。

　多くの日本人にとって、アフリカは遠い大陸であるようだ。正直に白状すると、私もつい数年前まではそう考えていた。そんな私が日本で暮らすガーナ人のコミュニティに出入りするようになったのは、ガーナから帰国してしばらく経った後、二〇一九年末ごろのことである。ガーナ大学で出会った友だちのフィデルスに、日本で働く彼女の母――ママ・ムナに会ってみたら、と言われたのだ。

初対面の日、ママ・ムナが待つ埼玉県草加市の駅に降り立った私はびっくり。そこでは道のあちらこちらでチュイ語が飛び交い、ガーナ食材店ではダワダワやモモニ、プラケシなど日本では絶対に手に入らないと思っていたローカル調味料が売られていたのだ。目を丸くして「エイッ!」を連発する私に、ママ・ムナは「ここには小さなガーナがあるのよ」と胸を張っていた。

それから定期的にママ・ムナのもとを訪ねるなかで出会ったのは、日本で働くガーナ人移民だけではない。ガーナの諸言語で会話するおとなたちのそばには必ず、「何言ってるか全然わかんない」とあまり興味なさそうにしている移民二世やミックスルーツの子どもたちがいた。イッイーはそのうちのひとり、ママ・ムナの孫にあたる女の子である。出会った当時、イッイーは三歳だった。

私は草加の家族と基本的に英語でやりとりするのだが、イッイーは私にだけ、時々日本語で話しかけてくる。そ

イッイー

の頻度は草加を訪れるたびに増え、会話の内容もだんだん手応えのあるものになってきた。最近は見るもの聞くものすべてにつけて「なんで?」ときいてくるので、私はイッイーのことを「なんでなんで星人」と呼んでいる。

そんな私たちの様子を見るたびに、ママ・ムナは笑いながらこう繰り返す。

「私、イッイーが日本語をしゃべれるなんて知らなかったよ。だって私たちと一緒にいるときには、日本語でしゃべることなんて一回もなかったんだから!」

こう話すとき、彼女はガーナにいる自分の娘、フィデルスのことを思い出しているのだと思う。一九九〇年代後半、日本に来てほどなくしてフィデルスを産んだママ・ムナは、幼稚園に通い出した娘から日本語を学んだのだと言っていた。今のイッイーは、ママ・ムナが一緒に暮らしたころのフィデルスとちょうど同じくらいの年齢だ。

日本で生まれたフィデルスは小学校低学年のころガーナに移住し、以来十数年そちらで暮らしてきた。しかし彼女はいつも故郷を恋しがっていて、「日本で暮らしたい」「日本人の彼氏がほしい!」とこちらの耳にタコができそうなほど訴えている。だが現実的には、彼女が日本で職を探すのは簡単ではない。二十歳の誕生日をガーナで迎えた彼女には、永住権がないからだ。そのことについて、ママ・ムナは「私が間違えた。前にフィデルスを（短期で）こっちに呼んだとき、（手続きが）とっても簡単。だからいつでも呼べる、大学を卒業してからでいいと思った」と後悔を滲ませながらも、いつもこう締めくくる。

「でもあの子は日本で生まれたんだから、（日本に永住することができないのは）おかしいよ。あの子には、日本の「血」が流れているんだ……」

「日本の血が流れている」というのは、フィデルスに日本人の血縁者がいる、ということではない。フィデルスにとっては、幼少期を日本で過ごしたことが重要なアイデンティティになっているということだ。

草加にある「小さなガーナ」では、ガーナ人移民が近所同士として暮らし、休日になれば集い、ガーナ食材店で買った材料でつくった料理を分け合う。これは現代日本の日常の一幕であり、決してその外にあるものではない。彼女たちは周りの人から影響を受け、また与えながら、日本社会の今日をつくり上げている。

お母さんがいっぱい

「フィデルスのママからだよ」

　ある晩、草加市で暮らすママ・ムナのところに妹から電話がかかってきた。彼女――ママ・キヤは今、アクラのマディィナという地域でママ・ムナの娘、フィデルスと暮らしている。私が電話越しにいることがわかると、彼女はうれしそうに「エイッ！　元気〜？　フィデルスはまだ寝てるよ!!」と叫ぶ。

　ガーナ大学にいたころ友人になったフィデルスは、日本生まれのガーナ人だ。小学校の途中までを千葉県で過ごしたが、日本人に囲まれて育ったため、ムスリムとしての振る舞いが身につかなかった。それを憂慮した生親ふたりの決断でガーナに送られ、以来そちらで暮らしている。日本語を第一言語とし、日本食に馴染んで育ったフィデルスにとって、ガーナでの暮らしは戸惑い続きだったそうだ。そんな彼女を支えてきたのが、ママ・キヤをはじめとするたくさんの母たちである。

今や完璧に「ガーナ人」としての振る舞いを身につけたように見えるフィデルスに、「誰からお料理を習ったの？」ときいたことがあった。彼女は「うーん、自然と身についた感じだから「習う」とはちょっと違う気がするんだけど」と前置きしたうえで、

「私のお母さんの妹たちやおばあちゃんからかな。料理するときいつも私を呼んで、「こんなふうにするのよ」って教えてくれた。それで一緒にやりながら身につけたの。大学の寮に入ったころから本格的にひとりでお料理するようになって、今では家に帰ったときには私が（家族の分も）お料理をつくるよ」

と語った。このことからも、ガーナでは、ママ・ムナの家族の女性たち（料理シーンに限らなければ家族の男性たちも）がフィデルスを世話し、親役の一部を担ってきたことがわかる。

「フィデルスにはお母さんがいっぱいいるみたいでいいね」

私がそうと言うと、彼女はふふふと笑って

「でも、困ることもあるよ。例えばママ・キヤが私にお金をくれるとするじゃない？　で、私が大学にいるときにそれをなくしちゃったとしたら……全員に怒られるのよ！　「お仕置きするぞ」とか言って！」

と憤慨してみせたので思わず笑ってしまった。確かに、たくさんのおとなに四方八方から怒られるのは恐そうである。

それにしても、ママ・ムナがなんのためらいもなくママ・キヤを「フィデルスのママ」と呼んだことが私には新鮮だった。小さいころおばに言われて以来、ずっと当たり前だと思ってきた「母はこの世にただひとり」という価値観と、見事に反対だったからだ。

もちろん、ママ・ムナもまた間違いなく「フィデルスのママ」である。家族思いのママ・ムナは頻繁にフィデルスと電話で連絡をとっているし、しょっちゅう学費やモノを仕送りしているのだから。つまり、果たす役割は違えど、彼女たちはそれぞれ立派なフィデルスの母なのである。

関係性は継がれゆく

「私が姉妹と言っている人とは、フィデルスも家族として親しくしているはず。本当に血がつながっているかどうかなんて、気にしたこともないんじゃないかな」

六月の新緑が匂い立つ中、駅から家へ向かう途中でママ・ムナはこう言った。「ガーナでは親しい人を紹介するとき、細かい関係性は説明せずにとりあえずきょうだいって言うよね」という話をしていたときのことだ。

ママ・ムナの父は、バンダという民族出身である。かつてのバンダ社会では、異民族との通婚が許されていなかった。しかしママ・ムナの生母とどうしても結婚したかった彼は、私からするとちょっとびっくりするような行動に出る。バンダ出身の女性とも結婚することで周囲の了承を得て、ママ・ムナの生母と結婚を進めたのだ（イスラームでは一夫多妻が許されている）。そして、これまた私にとっては驚愕だったのだが、ママ・ムナの父は妻たちの子どもを一部交換することで、離れて暮らすふたりの妻の交流を深めようと考えた。このような事情から、ママ・ムナは育母のもとで異母きょうだいたちとともに育てられた経験を持つ。

育母との関係性について、ママ・ムナはこう語る。

「私にとっては、育母が本当の母みたいなものなの。生母は愛がないよ。あれをやれ、これをやれとこき使ってばっかりで。でも育母は違う。体調が悪いって言ったら「私がやるから、あっちに行って寝てなさい」って言ってくれるし、やさしい人だった。今でも仕送りしているよ」

ママ・ムナと育母の間には、血縁を越えた親子としての絆があるようだ。

それからしばらく経ったある日、私が東京の下宿からガーナのフィデルスに電話すると、後ろが何やら騒がしかった。

「休日だから、おばあちゃんちに帰ってきてるんだ」

フィデルスの言うおばあちゃんとは、ママ・ムナの育母のことである。つまり彼女たちは、血縁を越えた祖母と孫として半同居しているのだ。そしてこの家には、ママ・ムナのきょうだい（育母の子ども）であるママ・キヤたちも一緒に暮らしている。ママ・キヤたちとフィデルスの関係もまた、親子に類するものだ。

後日、このことをママ・ムナに話すと、彼女は誇らしげにこう言った。

「私たちはお互いにすごく愛しあっているのよ」

育母とママ・ムナという血のつながらない親子から始まった関係性は、世代を超えて受け継がれ、育まれ続けている。

日本人のお父さん

ママ・ムナの娘、フィデルスは、本当にたくさんの人の手によって育てられてきた。前述したガーナ人の親たちに加え、日本人の父までいるのだ。フィデルスの亡くなった生父の仕事仲間だった、尚文さんという人である。日本で過ごした幼少期の思い出についてきいたとき、フィデルスは真っ先に彼について語っていた。

「尚文さんは、お休みになるといつも私と弟を外に連れ出してくれたの。当時私たちが暮らしていたお部屋は小さくて遊ぶスペースがあまりなかったから、普段は近所の公園とかに行っていたかな。シッターとかではなくて、ただ彼も私たちと遊ぶことを楽しんでいたの」

実際、草加のママ・ムナの家には、尚文さんが撮影した幼い日のフィデルスたちの写真がたくさん残っている。たこ焼きパーティをしているもの、遊園地で遊んでいるもの、プールで泳いでいるときのもの……押し入れを占領する大量の写真たちが、尚文さんとフィデルスが一緒に過ごした時間の長さと親しさを物語っていた。

フィデルスは尚文さんのことを話題にするたびに、誇らしげにこう繰り返す。

「彼は日本にいるけれど今でも連絡を取り合っていて、私が何か欲しいものがあると言えば買って送ってくれるの。お金があればね！　彼は日本人だけど、私たちの面倒を見てくれているのだからお父さんね。彼は私のことが好きだし、私も彼のことが好きよ」

そんなフィデルスに、私はこんなことをきいてみた。

「もし将来、フィデルスが子どもを持ったとしたら、尚文さんのことを自分のお父さんとして紹介する？」

それに対して、フィデルスは一片の迷いもなくこう返す。

「もちろん！　ふふふ……（尚文さんは）やさしい人です」

フィデルスは、主に英語で交わされる会話の中で、「やさしい人です」だけ日本語で言った。そこにはフィデルスの、尚文さんへの思いをより明確に伝えたいという意志が宿っているように思える。いつかこの言葉をフィデルスの言い方で、フィデルスの声で尚文さんにきかせてあげられる日が来るといい。

子育てはみんなでするもの

「簡単とは言えないわね。孤立が問題よ」

日本での子育てはどう？　そんなざっくりした質問を投げかけると、ラティファ姉さんは表情を曇らせた。ママ・ムナの妹である彼女は当時、家の近くの工場で働きながら、シングルマザーとして三歳の女の子、イッイーを育てていた。しかし、日本語があまり流暢ではない「外国人」の彼女に対して、冷ややかな態度をとる人もいるようだ。

「朝、イッイーと登園するとき、「おはようございます」って言っても返事してくれない人がいるのよ！　そういう人は、私も次から知らんぷりするの」

保育園の保護者たちとの関係性について、ラティファ姉さんはそう語った。

このことは当時、イッイーが私を「せんせい」と呼んでいたことにも表れているのではないかと思う。同級生の親との関わりが少ないイッイーにとって、私はこれまで身近にいたガーナ人移民やその日本人配偶者とは違う立場の、「新しいタイプのおとな」であった。そのため、私のことを「保育園の先生みたいなもの」と位置づけるのがいちばんしっくりきたのだろう。

また、そんな孤立状況が影響してか、もともとの性質か、イッイーはたいへんなお母さんっ子である。同年代の子どもたちが集う場に行ってもなかなか輪のなかに入ろうとはせず、ラティファ姉さんの膝の上でのけぞったり、ジュースをこぼしたり、動画を観たりしている。おかげでラティファ姉さんは一時も休むことができない。祖母であるママ・ムナは、イッイーの注意をほかのものに向けようと奮闘するが、結局は上手くいかないのであった。

ある日、ガーナ人移民コミュニティの集会を終えて四人で家への帰り道を歩いていると（この日もラティファ姉さんとママ・ムナはイッイーの世話で疲労困憊していた）、ママ・ムナが言った。

「ねえ、有紀ちゃん知ってるでしょ、ガーナではそんなに難しいことじゃないのよ」

ラティファ姉さんが感慨深そうにうなずきながら言葉を引き継ぐ。

「おじぃちゃん、おばあちゃん、おじさん、おばさん、きょうだいたち……いろんな人がいるもの。でも日本では、ぜーんぶ自分（生母）ひとりでやらなきゃいけないから大変！」

私は日本で子育てをするこのふたりの言葉に、切実なものを感じ取っていた。これはたまたまガーナ人の女性たちから発せられたものだけれど、子育てを経験したことのある日本人だって、同じように思うことがあるのではないか。「ひとりで／夫婦だけで子育てするなんて無理だよ」と。

私が出会ったガーナの人々の多くは、「いい？ ガーナでは人生はそんなに順風満帆じゃないの」と言いながら自分の半生について語ってくれた。彼らのままならない人生と創意工夫の連続を、私は決して楽だとは思わない。しかし一方で、子育ての話になると、素直に「いいなぁ」と思うことがたくさんある。そこには、血縁の有無に関わらず差し伸べられる、たくさんの助けの手があるからだ。

「あなたはいい人だから、将来アッラーが双子を授けてくれるわよ」

突然、ラティファ姉さんが私に向かってこう言って、にやりと笑った。

「それはうれしいな、楽しそう」

何も考えずにそう返すと、

「ふたりともイッイーみたいなお母さんっ子だったら、どうするのよ」

とママ・ムナが混ぜっ返す。

「そ、それは大変そうだね……」

イッイーの手のかかりよう（そこがかわいいところでもあるんだけど）を思い出して少しおじけづいた私に、今度はラティファ姉さんが朗らかに言った。

「大丈夫よ、なんとかなるわよ。ひとりはママ・ムナに預けて、もうひとりは私に預けて、イッイーが一緒に遊んであげればいいんだから！」

そうだね、と安心する。将来、私が子どもを持つとしたら、周りの人に一緒に親になってもらいながら育てたい。

心を自由にする練習

「有紀は大変だな。きょうだいがいないから、将来助け合えない」

さびたシャッターが降りている地元の商店街を車で通り抜けながら、おじがそう言ったのでどきっとした。

「でも、いとこたちがいるもん。ほとんど一緒に育ったんだから、きょうだいみたいなものでしょう？」

私がねばるようにそう返すと、おじはちょっと考えるように口をつぐんで、それからこう言う。

「いとこときょうだいはやっぱり違うなあ」

歳を重ねるにつれて疎遠になってしまった十数人ものいとこたち、そしてともに父（私から見ると祖父）の介護をやりきったふたりのきょうだいのことを思い浮かべながら、おじは返事をしていた。私は大学進学以降めっきり会う回数が減っているいとこたちのことを考える。確かに彼らとは年が離れているから、私が彼らをきょうだいだと見なしていても、向こうからしてみたら、物心ついたころにはもう地球の裏側（ガーナ）に消えていた人間としか思えないかもしれない。

「……そうかぁ。じゃあ私、将来は本当にひとりぼっちになっちゃうんだね」

「おう、そうだなぁ……」

おじはしばらく沈黙し、車ばかりが前に進む。私は後ろに流れていく景色を目で追いながら、本当にそうなのだろうか、としぶとく考えていた。私はたぶん、ひとりで生きることに向いていないタイプの人間なのだ。

過去の様々な記憶を掘り起こしているうちに、砂ぼこりとチョークの乾いた感じと、ちょっと甘い紙の匂いが鼻腔によみがえってきた。ええと、いつだっけ。そう、あれは二〇一九年の一月のこと。私がエドゥビアの中学校で祖父母と孫の関係性について調査していた時のことだ。

アンケートのなかで、通訳の先生や生徒たちをいちばん困らせたのは「あなたは何人家族ですか？」という質問だった。日本であればこの質問の意図を理解することは至って簡単、だいたいの人が家族の顔と名前を思い浮かべながら「四人家族」とか「うちはふたり」とか答えることができるだろう。しかし、重層的で流動的な家族概念を持つ現地の人々にとって、これは難問であったようだ。

まず、先生たちから疑問の声が挙がった。

「家族って、核家族のこと？　拡大家族のこと？」

私はハッとした。それまでの自分が家族を固定的なものとして捉えすぎていたことに、改めて気づかされたからだ。そしてやや考えて、「普段の生活のなかで家族として接している人の数」が知りたいと質問しなおした。それに対する生徒たちの答えは、

「僕の家族は一〇五人！」

「うちの家で暮らしているのは一八人」

「ねえアコシヤ、家族の数なんて数えたことないよ。五〇人ってことでいい？」

結局、それぞれがどんな人を家族と見なすかがばらばら過ぎて、このときとったデータは十分に分析できていないままだ。しかし、この出来事は家族をせいぜ

い「父母祖父母おじおばいとこ」くらいに限定（これでも現代日本では広い方だと思うが）してきた私の思い込みを砕いてくれた。そして同時に、こんなにも定義があいまいで重層的だからこそ、ガーナでは血がつながっていなくても家族になりやすいんだよな、となんだかうれしく思ったのだった。

「どうしてフィールドワークを続けているんですか？」と問われることがある。そういうとき、私はいつも「フィールドが好きだから」と思い、これだと単純すぎるかな？　と考える。確かに、ちょっとかっこつければ、「ガーナの流動的な家族の形について知ることを通じて、無縁社会と言われる日本の孤立問題を解決する糸口を探したい」とかなんとか言えなくもない（これだって、本気で思っていることではあるのだ）。でもやっぱりいちばん素直な言い方をすれば、私はフィールドに希望と安らぎを感じるから通い続けている。人は血縁を越えて家族になれるのだと、彼らはその生き方で、言葉で、いつも教えてくれるから。私にとって、フィールドワークは心を自由にする練習なのだ。

私は運転席に座るおじを見た。未だかつて最長三分と黙ったことがない私がすでに二分ほど沈黙しているので、おじは静かに焦っていることだろう。この人だって、私のことを自分の子に準ずるくらいには愛してくれているはずなのだ。がっちり日本社会で生きてきたがゆえに、そう形容することがないだけで。それをよく知っている私は、フロントガラスから差し込む光に目を細めながら、再びぽつりと会話を始めた。

「今日は山がよく見えるねぇ」

おじはほっとしたように「おう」と言った。

レシピ

TZとアヨヨシチュー

草加市近辺で暮らすママ・ムナとラティファ姉さんは、家ではあまり日本食を食べない。地元のガーナ食材店やハラール食材店、業務用スーパーなどで手に入る食材などを駆使すれば、いろんなガーナ料理が再現できるからだ。

TZ（Two Zaafiという料理名の頭文字をとった愛称。ティゼットと発音する）は、現地ではもろこし粉を練ってつくるのが一般的だが、ママ・ムナは米粉と片栗粉を使う。これは、約二五年の日本暮らしのなかでママ・ムナが発明したレシピだ。

また、付け合わせのシチューに入れるアヨヨはモロヘイヤのこと。モスクの集まりなどで大量につくるときには、農家に箱単位で注文する。

教えてくれた人：ママ・ムナとラティファ姉さん

TZ

材料

- 水……大鍋半分くらい

A
- 米粉……2と1／2つかみ
- 水……2カップ

B
- 米粉……6つかみ
- 片栗粉……1つかみ
- （保存用）キッチンポリ袋……10枚程度

下ごしらえ

①Aをボウルで混ぜ合わせる。
②Bをボウルで混ぜ合わせる。
③キッチンポリ袋の片方の長辺をやぶき、漏斗のような形にする（漏斗として使うわけではないので、穴はあけない）。

作り方

1―大鍋に半分くらいの水を煮立たせる。
2―①をかき混ぜながら1へ注ぎ入れ、とろみが出るまでへらでかき回しながら煮る。
3―2から、中身の一部（お椀4杯分ほど）をボウルへ移す。2に②を入れ、練る。
4―2を3へ戻し、TZをへらで鍋の手前部分に押しつけるように、力強く練る。柔らかめの餅くらいの固さになったら完成。

保存方法

③のポリ袋を1枚ずつボウルに張る。お椀を水で濡らし、TZをすくってキッチンポリ袋の上に落とし、袋の口をねじり上げる。冷蔵庫で一週間程度保存可能。

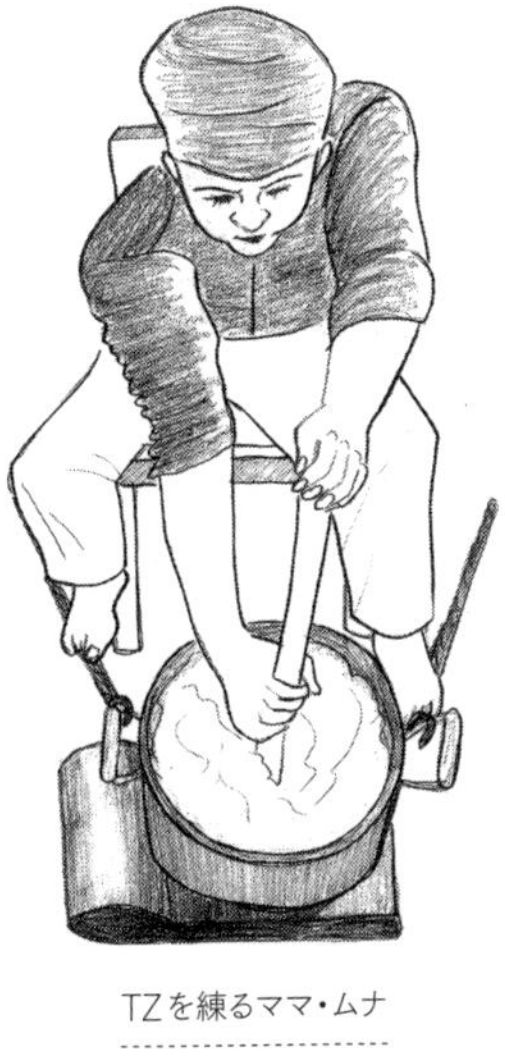

TZを練るママ・ムナ

アヨヨシチュー

材料

・干しなまず（煮干しでも代用可）……2尾
・牛の内臓（肉なら何でもいい）……全員がひとかけら以上食べられる量
・玉ねぎ（日本の黄たまねぎ）……大玉なら1／2玉、中玉なら1玉

C
・にんにく……1／2個
・しょうが……指2関節分程度
・ローカルとうがらし（日本の唐辛子でも代用可）……3個

・水……1／2カップ
・塩……小さじ少し山盛り1杯
・ほんだし……小さじ3杯
・水……600ミリリットル程度
・削り粉（イワシ、サバなどを乾燥させて粉にしたもの）……小さじ1／2杯
・アヨヨ（モロヘイヤ）……300グラム程度
・ダワダワ（アフリカイナゴマメを発酵させた調味料）……指2関節分くらい
・重曹……1つまみ
・カットトマト……1缶
・トマトペースト……お好みで
・サラダ油……お玉3杯

下ごしらえ

①干しなまずを5分間湯につけてふやかし、骨とひれを取り除く。
②牛の内臓をよく洗ってぶつ切りにする。
③Cの皮を取り除いて（ローカルとうがらしの皮をむく必要はない）適当な大きさに切り、ミキサーにかけてペースト状にする。
④アヨヨの葉のみを摘んでボウルに入れ、水洗いする。

作り方

1―鍋に①〜③を入れ、水1／2カップと塩を加えてふたをし

て蒸す（2の工程が終わるまでそのままにしておく）。

2—別の鍋（直径18〜20センチくらいのもの）に底2センチ程度の水を入れ、火にかける。沸騰したら削り粉と重曹、アヨヨ、ダワダワを入れ、柔らかくなるまで5分ほど煮て、火を止める。粗熱が取れたら、ミキサーに入れて短く2回かき混ぜる。

3—**1**にカットトマトとトマトペーストを入れ、煮立たせる。さらにサラダ油を加え、「シチューを揚げる」。

4—深めの皿に**2**を盛り、その上に**3**を加えて完成。

5—TZは同じ皿に入れてもよいし、別の皿に盛りつけてもよい。

第四章
揺れ動く家族関係

いろんな人に育てられるということ

コフィは生母のことが大好きだ。毎日のように電話をして、商店で働く生母の様子を確かめている。そして、「ほかの人と比べることはできない、特別な人だよ」とはにかむ。

そんなコフィは、意外なことに、生母と一緒に暮らした経験がほとんどない。赤ちゃんのころから十代前半までは父方の祖母と、そのあと少しだけ母の姉（一般的に母系社会とされるアカンでは、生母と生母の姉妹はすべて母と見なされるが、生母と区別するためにコフィはそう称していた）と。首都の高校に進学してからは、父方のおばの家を拠点としながら暮らしてきた。コフィによると、「ガーナでは拡大家族が当たり前だから、その中で行き来する分には特に問題ない。ただ寝る場所が変わるだけ」なのだそうだ。大好きな生母から離れて、たくさんのおとなたちによって育てられてきたことについて、コフィは「寂しいことじゃないよ、ふつうのことだよ」とニコニコしながら語る。

コフィのように、子ども時代に親族や知り合いのもとに身を寄せていた経験がある人は少なくない。このことに興味を持った私は、二〇一九年五月、主なフィールドであるエドゥビアの公立中学校において質問票調査を行なうことにした。

このときに協力してくれたのは、その日に出席していた一〜三年生の生徒六九人だ。この中で、「自分は養子だ」と回答した生徒の割合は全体の二九・八％（二〇人）。彼ら全員、行政上の手続きは経ていないそうだ。ここでは、そのような子どもを「里子」と言い表すことにする（調査時は、「インフォーマルな養子」と表現し、「行政上の手続きを経ずに生親ではない人と生活している子ども」と説明していた）。なお、「家に里子がいる（自分は除く）」と回答した生徒の割合は一八・八％で、これらを合わせると全体の四八・六％にのぼる。この結果から、エドゥビアにおいては、子どもが生親のもとを離れて育つことが決して珍しくないことがわかるだろう。

そして、その理由として子どもたち自身から挙げられたのは、

- 親が村を出たから（一年生一〇人）
- 引き取り手が女の子を欲しがっていたから（一年生一人）
- 学校のため（二年生一人／三年生二人）
- 親が自分を養うだけのお金を持っていなかったから（二年生二人）
- 自分が幸せじゃなかったから（二年生一人）
- 母親の死（三年生一人）
- 無回答（一年生一人／三年生一人）

であった。正直なところ、この答えが各々にとっての真実であるかはわからない。エドゥビアでは、人口の多くがおそらく英語ネイティブではないうえに、普段の授業では必ず「正解」が求められることも相まって、生徒たちはお互いの答えを写し合い、「もっともそれらしい」と考えるものをそろって書く傾向があったからだ。しかし、少なくともエドゥビアでは、これらが納得感のある理由なのだ

ということがわかる。

また、「自分は里子だ」と回答した生徒二〇人に「あなたにとって、今の家に引き取られている状況は幸せですか?」という質問をしてみたところ、「いいえ」の五人と無回答の二人を除く、一三人の生徒が「はい」と回答していた。これは、「自分は里子だ」と回答した生徒の六五%を占める。

しかし、おとなたちによると、そうやって一時ともに暮らした家族とのつながりが一生続くとは限らないのだそうだ。そのことについて、人々はあっけらかんとこう説明する。「血のつながった親子でもそうじゃなくても、相性ってものがあるでしょう?」

コフィの場合は、今まで一緒に暮らした家族との関係性はおおむね良好なようだ。特に、当時一緒に暮らしていた父方のおばたちとは、私も何度も夕食をともにした。一方、ほとんど話題にのぼらない人もいる。私とコフィが出会う前、二〇一六年に他界した生父がそのひとりだ。

コフィのおばの家で夜ごはんをご馳走になった帰り道、珍しくコフィが亡き生父について話してくれたことがある。生父と暮らしたのは、生父が病気になった後一年間だけだったのだ、とコフィは言った。

正直に言うと、この時の私には、「一緒に過ごした時間は短いけれど、親しい家族である」ということがうまく想像できなかった。それは私自身が、親族のほとんどが近くに住むコンパクトな環境で育っていて、身体的には離れつつ育まれる家族関係というものを知らなかったからだと思う。

「てことは、あんまり……」

親しくなかったの、と無遠慮にも続けようとした私を遮るようにして、コフィがしみじみと言った。

「いや、親しかったよ。とってもね」

月明かりに照らされたコフィは、斜め下を向きながらやさしく微笑んでいた。何かを思い出すように。コフィは結局、多くを語らなかったけれど、彼にとって生父が大切な家族であることは私にもよくわかったのだった。

一緒に過ごした時間より離れている時間の方が長いけれど、親しい家族であるということ。私もいつか、身をもって理解することができるだろうか。コフィの横顔を見つめながら、私は考えていた。

働きながら家族をつくる

「私たちは血がつながっていないけれど、親しい家族同士なの」

ダイアナおばあちゃんの家でごはんを食べていたとき、フェリシアが言った。「フェリシアのお母さんは、おばあちゃんの何番目の娘さんなの？」という私の質問におばあちゃんが大笑いして、「おおフェリシア、説明してやりなさい」と言ったからだ。

フェリシアは一六歳で高校を卒業した後（なんと、二学年飛び級したそうだ！）、大学へ行くお金を稼ぐために一年間アクラで住み込みのベビーシッターをしていた。その際の雇い主が、ダイアナおばあちゃんの娘であるアンティ・エスだったのだ。エリート会社員として働きながら第五子の出産に備えていたアンティ・エスは、しばしば上の子どもたちをおばあちゃんのところに預けていた。それにフェリシアが付いて行ったことをきっかけにふたりは親しくなったのだという。

フェリシアは大学に進学した後も、二週間に一度くらいダイアナおばあちゃんのもとを訪れ、家事や仕事を手伝っていた。そして大学の寮へ戻るときには、料理上手のおばあちゃんがお手製のスープをたっぷりと持たせる。そんなフェリシアとの関係性について、おばあちゃんはこう語った。

「今までたくさんの子どもや若者を家においてきたけれど、フェリシアは断トツで素晴らしい子だった。こういうふうにフェリシアとほかの子を比べるのはよくないことだけれど、ああ、フェリシア！　あの子と出会わせてくれた神に感謝しているよ」

フェリシアのように、よその家を手伝いながら居候する女性を、チュイ語ではアバワ、男性の場合はアクアという。しかし、私がダイアナおばあちゃんに「フェリシアはアバワなの？」ときくと、おばあちゃんは表情を固くし、「みんな同じ人間なんだから、誰もそんなふうに呼ばれたくないはずよ」と諭すように言った。

この出来事が気にかかった私は、あるとき、世話役のエマニュエル兄さんとの電話でアバワ、アクアのことを話題にした。鉱山での仕事中だった兄さんは、同僚と何やら話し合った後、「アバワは……養子っていうよりも、召使いって感じだね」と言う。

奴隷貿易が行なわれていた時代、北部から送られてきた人々の一部は白人商人の手に渡る前に裕福なアカンの主人に引き取られ、そこで召使いとして働くことがあった。そのような若者たちを示すときにアバワ、アクアという言葉が用いられたのだという。ここまでエマニュエル兄さんが説明したところで、同僚がずい、と電話を替わってこう言った。「アバワ、アクアは、主従関係を強く意識させる言葉なんだ。だから今でも、人を呼ぶときに使うのは失礼なんだよ」

一方で兄さんは、「今のアバワやアクアは奴隷的なものではない」とも話していた。現在のアバワ、アクアは、子どもたちが一定の期間、ある家に居候して労働を手伝う代わりに学費を出してもらう形で実践されている。またはフェリシアのように、自分の自由にできる給料を得ることもあるようだ（これは主に都市部で盛んな形態らしい）。教育へのニーズが高まる中で、アバワやアクアは子どもたちの自己実現の手段として変化を遂げている。

ただ、当事者が自身をアバワやアクアだと認識しているかはまた別の話である。金銭を媒介する場合を除いて、アバワ、アクア的立場は単に里子（実際に用いられる表現としては、「自分の家に滞在している子ども」「世話をしている子ども」「手助けしてくれている子ども」などが多い）として説明されることが多いからだ。また、家の手伝いに至っては、その負担が里子に偏る傾向があることは否めないものの、生みの子も含めどの子どももやって当たり前と見なされている。

多くの場合、アバワやアクアになるのは一八歳（ガーナでの成人年齢）以下の子どもである。そのため国際的には、根絶すべき児童労働として見なされる場合もあるだろう。というのも、国際的に児童労働の禁止・撤廃を定めるＩＬＯの国際基準として、「就業が認められるための最低年齢に関する条約」（第一三八号、一九七三年採択）と「最悪の形態の児童労働の禁止及び撤廃のための即時の行動に関する条約」（第一八二号、一九九九年採択）があるからだ。それらによると、発展途上国であるガーナでは就業最低年齢は当面一四歳、軽労働は一二歳以上一四歳未満、危険有害業務は一八歳未満禁止とされている。アバワやアクアが担う労働は普通労働、軽労働にあたると考えられるため、一二歳以上であれば一応形式上は児童労働にはあたらない。ただ、里子との境目が極めてあいまいであることを考えると、一二歳未満でも生親以外のもとで家事などの労働を担っている子どもは多いと考えられる。

しかし、今のガーナにおいて、アバワやアクアが若者の自己実現の手段として機能していることもまた無視できない事実だ。また、フェリシアとダイアナおばあちゃんの例のように、よその家を手伝いながら居候することが、血縁を越えた家族のようなつながりをつくり出すきっかけとなることもある。それが子どもたちの生涯を通じた拠り所になりうることもまた、認識されるべきではないだろうか。

ダイアナおばあちゃんとの関係性について、フェリシアはにっこりしながらこう語った。

料理をするフェリシアとおばあちゃん

「私たちはとっても親しいの。だって私がベビーシッターとして働いていた時、おばあちゃんは私を娘のように扱ってくれたから。私はいつもおばあちゃんを手伝いに来ているし、おばあちゃんも用事があるときは私に電話をかけてきていろいろと頼むの。そういうふうに（助け合うことで）親しくなったのよ。だから休暇の時には、ここにきて何か月か過ごしたりするの。そんなわけで周りのひとはみんな、私のことをこの家族の一員だと思うのね」

満たされないもの

フェリシアが四番目の兄の家に行くというので付いて行ったら、鉄さびと土ぼこりでひときわ赤茶けた家々が見えてきた。「もうすぐアッシャーマンよ」とフェリシアが言う。

アッシャーマン？　私は記憶の糸をたぐりよせた。それって前にコフィが「治安が悪いからひとりで行っちゃダメ」と言っていた地域のひとつではなかったか。

急にびくびくしはじめた私をよそに、トロトロは幹線道路の陸橋をぐんぐん下り、アッシャーマンへと向かっていく。「えっ、えっ！」と戸惑っているうちに停留所に着き、私たちは赤茶けた町のど真ん中に降り立った。

慣れた様子でずんずん進むフェリシアのあとにぴったりついて歩いていった先

には、トタン屋根の長屋があった。そのなかからかわいらしい女の子がこちらを見つめている……が、私と目が合うと、はにかんだ口を両手で覆って逃げてしまった。これがマリアムとの出会いである。

若干一一歳のマリアムは働き者だ。洗濯物を干したり、床を掃き掃除したり。赤ん坊の弟の世話や織子の仕事で忙しい母に代わって、フェリシアと一緒によく家事をこなしていた。一方、近所の子と一緒にフェリシアのスマホで動画を見て遊んだり、友人とじゃれ合いのようなけんかをしたりと、子どもらしい一面もある。

しかし、私には不思議に思うことがあった。マリアムはいくら誘っても絶対に布団の上で寝ないのだ。私とフェリシアが床に敷いたマットレスを分け合う横で、わずかばかりの布を敷いて寝ている。フェリシアもよく家の床で昼寝しているし、ダイアナおばあちゃんの家に泊まるときにはきょうだいたちと床でざこ寝していたから、現地では取り立てて珍しいことではないのかもしれない。しかし、奥には母と弟が寝ているのだからそちらに加わることもできるのに、そうしないのはなぜだろう。

そんな疑問をうっすらと抱いていたある日、私が家のなかで髪を結っていると、マリアムが寄ってきて写真を見せてくれた。

「これが私のお母さん」

擦り切れてぼろぼろになった写真には、姉妹と思われるふたりの女性が写っていた。それぞれきれいなヴェールで髪を覆い、北部の強い日差しに目を細めながら微笑んでいる。どちらもこの家にいるマリアムの母にそっくりだ。これはいったい、どういうことなのだろう？

大学への帰り道、そのことを話すとフェリシアは何のこととともなしにこう言った。

「マリアムは私の四番目の兄の妻の姉の娘なのよ。ほら、お兄ちゃんは長距離トロトロの運転手で家を空けていることが多いでしょ。だからスウィーティ（四番目の兄の妻のことをフェリシアはこう呼んでいる）が妊娠したとき、彼女の身の周りのことを手伝ってもらえるようにアッパーイースト州からマリアムを呼び寄せてこっちの学校に通わせることにしたの」

この語りからは、「家事は女性がやるもの」という規範意識が透けて見える。就学年齢以上の男の子が、進学や、本人や家族が「よりよい」と判断した学校への転校を理由に家族間を移動するのに対して、女の子のそれには引き取り先の家事手伝いの必要性が挙げられることが多い。家に同年齢の男の子がいたとしても、「家事を手伝う人が必要」という理由で女の子が引き取られてくることもある。もちろん彼女たちは引き取り先から学校に通い続けるため、第一の理由とならないだけで「よりよい教育の追求」という意図もあるのかもしれない。しかし、それが表向きに語られないということの意味は問われるべきであろう。

しかし、フェリシアがマリアムの状況を悲観していないのには理由があった。実はフェリシア自身も、主に里子として育てられてきたのだ。フェリシアは、父の第一夫人（フェリシアの生母は第二夫人）のもとで幼少期を過ごした後、今度はおばたち二人の家を順に渡り歩いた。理由はいずれも、「家の女手として助けになるように」というものだったそうだ。このような生い立ちは、今のフェリシアの在り方にも大きく影響している。ある時、フェリシアは料理をつくりながらこう言った。

「生母じゃない人と一緒に暮らすとね、いろんなことをやらされるから、ひとより家事が得意になるの。私は今、それに助けられているわねぇ。だって、食べたいなぁと思ったものは、なんだって自分でつくれちゃうんだから」

また、自分を育てた女性たちのうち、特に育母（すでに他界）・生母との関係性について、彼女はこう語る。

「（育母からの扱いは）決して生みの子のようではなかったけれど、食べさせてもらえたし学校にも行かせてもらえたし、いい扱いだったと思う。当然、育母は（第二夫人の子どもである私に対して）意地悪なことなんてできないわよ。だって、悪い扱いをしたことが父（育母にとっては夫）に知られたらよく思われないもの。あと、生母との関係性がなくなったわけではないの。毎年長期休みに入るとアッパーイースト州に里帰りして、生母やほかのきょうだいたちと一緒に過ごしていたから。今でも連絡を取り合うし、お互いに頼みがあれば引き受けるわ」

「それって、お母さんがふたりいるようなもの？」

私がそうきくと、フェリシアは「そうね」とうなずく。

私は改めて、アッシャーマンの家のことを思い出してみた。柱や壁にはいくつもMariam（マリアム）という落書きがあって、私はあれを愛されている子のものだと思う。でも、部屋中にマリアムの弟のスナップ写真や写真入りカレンダーが飾られている一方で、マリアムが写っているものはたった一枚だけ……。やはりマリアムの場合も、生みの子と同じ扱いというわけではないのだろう。

そんな環境で、彼女は遠く離れた生母の写真を擦り切れるほど見ていたのだ。それを考えると複雑な気持ちになった。だって、「生みの子のように扱われない」ということは、満たされないということといったいどう違うのだろうか。

愛があるのないの

「将来はアコシヤと同じように、ガーナ大学に行きたいの」

中庭でお夕飯のバンクゥをつくっているとき、リナがそう打ち明けてきた。はにかむ彼女を前に、私は明るい顔で「いいね。どの学部がいいの？」と返したつもりだったけれど、本当は少しの動揺を隠しきれていなかったのではないかと思う。

「リナ!!　リナ!!」

彼女が口を開く前に、家のなかから怒鳴り声が聞こえてきた。家の主人が用事を言いつけようとしているのだ。リナは、「はい、マダム！」と返事をして飛ぶように走っていった。

二〇一九年二月から四月にかけて、私はアクアペムヒルズという丘陵地帯でインターンをしていた。豊かな緑に恵まれ、夜には首都アクラの夜景を望むことができるこの地域は、避暑地としてガーナの富裕層を中心に人気がある。坂をのぼるにつれだんだん狭くなる街道沿いには明るいピンクや黄色、緑で塗られた商店が並んでいて、私はインターン先からの帰りにそこここへ顔を突っ込んで地元の人と会話するのが好きだった。しかしそれを除いて、この町での日々は、私にとって少し後ろめたく苦々しい。

アクアペムヒルズで滞在していた家には、リナという女の子がいた。彼女はどうやら学業資金を調達するために遠縁の親戚にあたるこの家で働きつつ、近所の高校に行っているアバワ的立場の子どもだったらしい。この家の人たちはすごく意地悪な感じでリナを呼び、なんでも言いつける。従順でやさしいリナから家の人たちへの不満を聞いたことはなかったが、私は彼女をこき使う家の人たちが嫌いだった。

けれど一方で、自分の価値観を押しつけることを恐れるあまり、私はリナの処遇について意見することをためらった。また、時折世間話をする地元の人に相談することもなかった。場合によっては、リナの立場を悪くしてしまうかもしれないと思ったからだ。自分の意見を述べることと押しつけることは違うのだから、もっと正直に反応を見せればよかったと今では思う。

インターンを終えてアクアペムヒルズの滞在先を出た後、私は、ほかの地域でフィールドワークに協力してくれていたおとなたちにリナの扱いに関する違和感を漏らした。「生みの子と引き取られた子の間には、やはり扱いの違いがあるものなの？」と。

エドゥビアのおとなたちは、すぐさま首を横に振った。エマニュエル兄さんも、村役場の児童福祉課職員の男性も、口をそろえてこう言う。

「引き取った子どもを意地悪く扱う人は少ないよ。周りの目が抑止力になっているからね」（エマニュエル兄さん）

「僕は妻の妹の子どもを引き取って育てているけれど、自分の子と同じように扱っているよ。その子が私立の学校に行きたいと望むなら、行かせるさ」（村役場の児童福祉課職員）

一方、エドゥビアの外では、彼らの所見を批判する人もいた。私のきょうだいであるコフィだ。

「周りの目が抑止力になるって言うけれど、人目につくところで意地悪をするとは限らないでしょ」

コフィが子どもの立場に立った意見を述べるのには、おそらく彼自身の過去が関係している。コフィは進学の関係で、高校一年生の一年間だけ母の姉（すでに他界）と一緒に暮らしていたが、彼女との日々については「あのころに戻りたいかと言われれば、戻りたくないね」とだけ述べ、詳細を語らなかった。ただ、同時にコフィは「あそこでの日々すべてを「悪い思い出」の箱に投げ入れたくはない」と、決して文句を言わない。

そんなコフィに、私はリナの話をした。彼女がガーナ大学に行きたいと言っていたこと、でもあの家の人が、大学進学のために家を離れるリナの学費や寮費を負担してくれるとは思えないこと。なぜなら彼らにとって、リナは代替可能な労働力でしかないように、私には見えたから。

「愛がないのはよくないよ」

口を尖らせながらそう言うと、しかし、コフィはフッと笑ってこう言った。

「どうしてそう決めつけるのさ？　愛がないように見えることと、本当にないことは違うと思うよ」

それ以来ずっと、私はこの言葉の意味を考え続けている。

引き取る側のものがたり

エドゥビアに滞在していたとき、私は毎晩マー・シエラとその娘エクヤの夕飯づくりに（味噌っかすとして）加わりながら、彼女たちの家族関係についての話をきいていた。ある晩、夕食のスープに使うぺぺ（とうがらし）をすりつぶしていたときのことだ。マー・シエラがこう言った。

「エクヤは私から生まれた子どもじゃないの。養子（行政上の手続きを経ていないので、里子と言い表す方が妥当）なのよ」

またか!!　私はあんぐりと口をあけた。

フィールドで家族関係を話題にすると、私が血縁上のつながりを想定していた人たちが何のこととともなしに「私たち血はつながっていないのよ」と言ってくることがある。こういうとき、私はいまだに少し動揺してしまうのだが、それはそのこと自体というよりも、それにびっくりしている自分自身が、いかに血のつながりを近しさの前提として考えているかを思い知らされるからだと思う。とはいえ、こうした出来事の繰り返しによって、私は、「子どもを育てる責任はすべて生親が負う」という価値観から自由になりはじめていた。

しかしそうなると、新たな疑問が生じてくる。それは「なぜ、金銭的・身体的な負担を背負ってまで他者から子どもを引き取るのか？」ということだ。新興国であるガーナに暮らす人々は、一部の富裕層を除いてそんなに裕福ではない。ボロボロの服を着て、飢え、涙を流す……といった、ステレオタイプ的な貧困像とはかけ離れているものの、誰もかれもしょっちゅう「お金がない」と嘆いている。それなのに、どうしてほかの人の子を育てようなんて思うのだろう。このことについて、私は子どもを引き取って育てている、またはかつて親類や知り合いの家に引き取られた経験のあるおとなたちに質問を重ねた。

まず見えてきたのは、引き取る側にも戦略があるということだ。例えばコフィは、母の姉のもとにいたとき、全く血のつながりのない五人の子どもたちと一緒に暮らしていた。これは子どもたちの視点に立てば、町の学校へ通いやすくすることを目的としたものであったが、コフィによると、母の姉は完全なる慈善感情からコフィ以外の子どもたちを家に住まわせていたわけではないそうだ。彼女は肉類全般を扱う商人であり、その顧客であった親たちをつなぎとめておくために、子どもの居候先として自身の家を提供していたのだという。このように、経済的関心から子どもを引き取る場合がある。

そのほかには、家庭における労働力としての興味から子どもを受け入れている例も多い。例えばマー・シエラは、「なんでエクヤを引き取ろうと思ったの?」という質問に対して「家に私を手伝える女の子がいなかったから」と答えていた。マー・シエラには四人の生みの子どもがおり、そのうち第三子のスティーブンを除く三人が女の子だ。しかし、当時年上のふたりは村外の大学や職業訓練校へ通うために家を離れており、末っ子のジャネットはまだ幼かった。そのような事情により、もともと頻繁に家に出入りしていたエクヤを養育することにしたのだとい

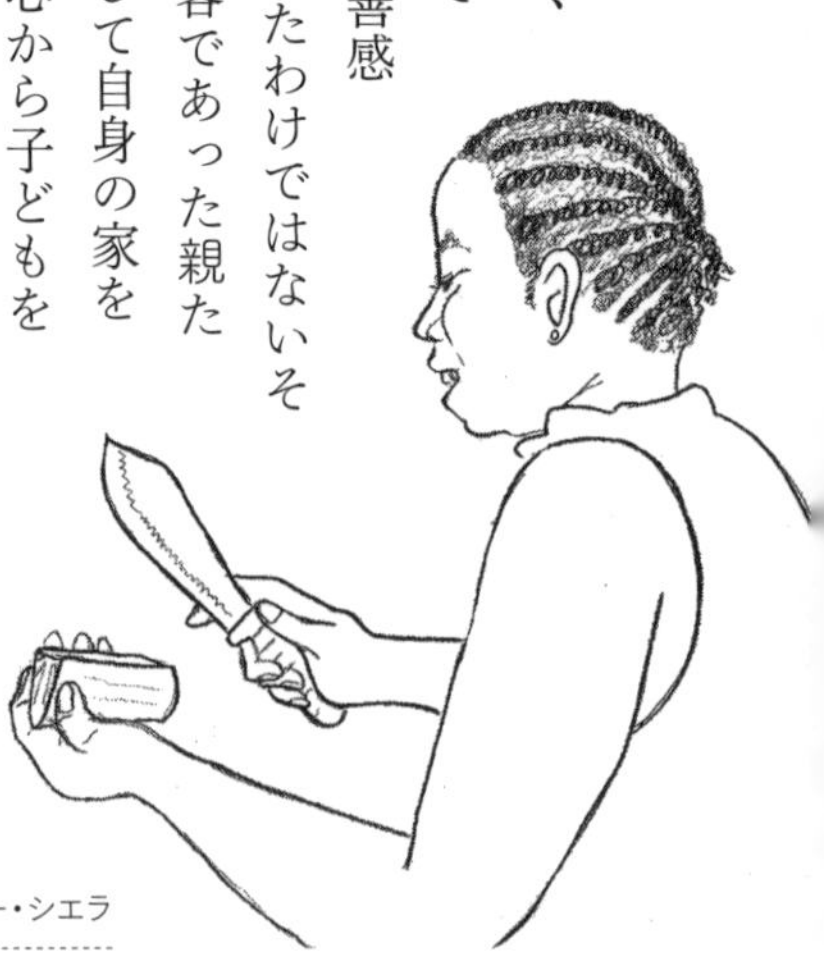
キャッサバを切るマー・シエラ

う。私がエドゥビアに滞在していたころ、エクヤの生活にかかるお金はすべてマー・シエラが払い、エクヤも家でいちばんの年長の子どもとして妹弟たちの世話をしたり、家事を手伝ったりしていた。

一方、拡大家族内で子どもを引き取ることについては、「期待されていることをした」という語りが多く用いられる。例えば、妻の妹の子を養育しているエドゥビアの村役場の児童福祉課職員は、「僕は妻を愛しているし、それが（周囲から）期待されているのだから子どもを引き取らなくてはならない。そして、そういう役回りを果たさせてもらえることを喜ばなくてはならない」と語っていた。この語りの意味は、生親と離れた状況で拡大家族のメンバーによって育てられた経験を持つコフィやフェリシアが「自分の引き取り手は社会的に期待されていること（衣食住を世話し、学校に行かせること）を果たしてくれたから十分だと思う」と振りかえっていたことと重なる。

しかし、いずれの場合においても、引き取り手が完全に自分の利益のために子どもを利用していた／周囲からの圧力によってイヤイヤ世話していたと判断するのは早計である。その語りを聞く限り、子どもと引き取り手の間には少なからず情緒的なつながりがあるように思えるからだ。

例えばマー・シエラは、確かに引き取る子どもに対して家事手伝いを期待していたものの、誰でもよかったというわけではないようである。彼女に「なぜほかの子ではなくて、エクヤを選んだの？」ときいてみたところ、「エクヤはもともと、すぐそこに住んでいる私の妹の娘なのよ。でもうちの子と遊ぶ時間が長かったから、だんだんこちらで暮らすようになったってわけ」と答えていた。この語りからは、彼女が引き取る子ども自身やその家族との相性のよさを重視していることがうかがえる。長年の付き合いにより「この子なら愛着が持てる」と判断したからこそ、マー・シエラはエクヤを引き取ることにしたのだ。

また、コフィは人々が血のつながりの有無に関係なく子どもを引き取って育てる理由について「ガーナの人々の間にある愛情がそうさせるんじゃない？」と語っていた。

「だって、関係性の「なさ」を越えて子どもを家に迎え入れたとしたら、もうその後は血のつながりがあるかないかなんてそんなに重要じゃないことだと思うんだ、でしょ？　だから、引き取り手と子どもの関係性は（血がつながっていないという意味で）友だちみたいなこともあるけど、（血のつながった）家族と同等のものにもなりうる。僕が知る限り、それは家族って言っていいものだよ」

家族を選ぶ

「そういえば、エクヤは元気？」

ガーナから帰国して約一年が過ぎたころ、何気なく送ったメッセージにマー・シエラはすぐさま返信をくれた。とても珍しいことだ。何か知らせたいことがあるのかと思ってその場でチャットを開くと、これまでにないほどの長い文章が送られてきていた。

「エクヤはこちらを傷つけるような、とても変な振る舞いをするようになった。話しかけても無視するようになったの。ほんの数分話そうとしただけなのに、信じられる？

ある日曜日、教会に行って、夕飯を食べた後、部屋で月曜日の授業の準備をしていたら、エクヤが入ってきて「さよなら」って言ったの。なんでそんなことを言うのか理由を尋ねたけれど、彼女は何も言わずに出ていってしまった。

生母がこちらへ帰すだろうと思っていたけれど、それっきりでいったい何が起きたのか私には全くわからない。何が悪かったのかは、神だけが知っているでしょう。神のご加護により、私はいま自分の子どもたちと一緒に暮らしています」

なんと、エクヤとマー・シエラの親子関係はすでに破局していたのだ。この事実は私を少なからず動揺させた。だって、たった一年前、エクヤとマー、そして同じ家に暮らす家族たちの仲は良好であるように――少なくとも私の目にはそう見えたのだ。

エクヤは学校から帰ってきてからの時間をほとんど中庭で、家の子どもたちとともに過ごしていた。洗濯に掃除、そして買い物。たまにルドゥ（すごろく）やオワレ（種まきを模したボードゲーム。賢く種をまくことにより、陣地を取り合う）をして遊ぶ。特にマーの末っ子、ジャネットはエクヤにべったりでいつも後を付いて歩いていた。

そして夕暮れ時になると、マー・シエラとエクヤはフフ（キャッサバやプランテンを臼と杵でついてつくる、お餅のような主食）をつくり始める。エクヤが先端をほぐした棒を力いっぱい振り下ろし、そのすんでのところでマー・シエラがフフをこねる、信頼関係がないとできない作業だ。

「マーのこと好き？」

スープづくりをしているとき、こうきいたことがある。

「うん、好き」

エクヤははにかみながら答えて、マー・シエラが休暇中に連れていってくれたところの話をしてくれた。クリスマスにマーの夫が出稼ぎをしている首都アクラに滞在したときのこと。州都クマシの大きな教会へ旅行したこと。そこでもらったリストバンドを、肌身離さず付けていること。

あの言葉も態度も、取り繕ったものだったのだろうか。私が鈍感だから、エクヤの隠れた不満に気づけなかったのか。それとも、私が去った後、急激に関係性が崩れてしまったのだろうか。そのころエクヤと連絡を取るすべを持たなかった私には、わからなかった。

ただ、私は村の公立中学校での出来事を思い出していた。二〇一九年の五月、家族についての質問票調査をしたときのことだ。その際用いた質問票には、「あなたは里子（調査時は養子と表記）ですか？」という項目があったのだが、どういうわけかエクヤはその質問に「いいえ」と答えていたのだ。その場で筆記の補助をしていた先生に「違うだろ」と言われてすぐに直していたので、私も「ただの間違いだろう」と深く考えていなかった。けれど、もしかして、あれはエクヤの本音だったのかもしれない。つまり、「今はマー・シエラのところで暮らしているけれど、自分の母は生母のみ」という認識だった、とも考えられるのではないか。

この件について、ガーナ南部出身の友人たちはみんな口をそろえて「子ども自身がいやだと思う扱いがあったんじゃないの」と言う。いやだったらいつでも帰っていい、新しい家を探せばいい、そういうものなのだそうだ。ただ、子ども自身が住まう場所を選べるかどうかについては、北部と南部で違いがあるらしい。ある時、北部出身のフェリシアがこんなふうに説明していた。

「前、次兄の子（フェリシアや次兄は北部出身だが、今は南部にある首都アクラで暮らしており、次兄の子はそこで生まれた）を長兄夫婦のところに住まわせようとしたことがあったの。だけど、三日で帰ってきちゃった！　長兄の妻が怒鳴るのがいやだったんですって。これが北部だったら、そうはいかないわよ。子どもが言いつけ通りのところで暮らさなかったら、「敬意がない」って言われちゃうもの。だからおとなになるまでは、いやだなぁと思ったって、ただそこで暮らすしかないの。でも、ここでは違うわねぇ」

　実際のところ、エクヤが何を思ってマー・シエラの家を出たのかは、エクヤの口から語られない限りわからない。けれど、この出来事から一年ほど後、私に突然電話をかけてきたエクヤは「特に理由はなかったの。ただ帰りたくなっただけ」と言って笑っていたのだった。

　エクヤとマー・シエラの関係性が大きく変わったことは、私にとって、フィールドの家族関係のあいまいさを改めて印象づけるものだった。人々の家族関係は拡大しているだけではなく、都合によって縮小されてもいる、ということに気づいたのだ。

　エクヤの生母の家は、マー・シエラの家から一〇〇メートルほどのところにある。もともと生母とマーは仲のいい教会メンバーで、本人たちによれば姉妹であり、エクヤの姉や弟もしょっちゅうマー・シエラの家に出入りしていた。親子関係を解消した後、彼女たちがどのように関わりあっているのか、私はまだ尋ねることができていないが、ほどよい距離感で暮らせているといいなと思う。私は今でも、ふたりのことが大好きなのだ。

おばたちと私

「決して血のつながった親子のようではなかったけれど、感謝している」

これは、フェリシアやコフィ、そして彼らと同じく生親のもとを離れて育った経験のある何人もが、引き取り手との関係性について語っていたことだ。マー・シエラとエクヤの親子関係の解消を受けて、私は改めてこの言葉の意味を考えていた。

そんなある日、私は帰省し、おばのひとりが運転する車に乗っていた。家へと向かう峠のぐねぐね道を運転しながら、おばが言う。

「この間の研究発表、よかったよ。ガーナの血縁を超えた家族の話」

私が所属していた大学のゼミでは、卒論発表会を一般公開していた。そして、私が卒業した二〇二〇年は、新型コロナウイルス流行の関係でオンライン会議ツールを用いて卒論発表会を配信したため、故郷の家族たちもその様子を見ていたのだ。おばは感慨深げにこう続ける。

「私がお嫁に来たときは、ほんとに小さかったのにね。結婚してすぐ有紀ちゃんを預かったとき、トイレの後に「おしり拭いて!!」って言われて、ほんとびっくりしたよ。それまで小さい子と接したことがなかったからさ～、「こんな感じなんだ!?」って」

おばは懐かしそうに目を細めた。一方の私は、動揺を隠せない。

「結婚したときって、私、幼稚園生でしょ。絶対自分でできたと思うのに、なんでそんなこと言ったんだろう……」

私は、幼さゆえの凄まじいやり方で相手の愛情を試す、かつての自分に度肝を抜かれていた。しかしそれよりも衝撃的だったのは、それを語るおばの様子に、私への愛着が滲んでいるように思えたことだ。

「決して血のつながった親子のようではなかったけれど、感謝している」

フィールドの人たちが語るこの言葉の意味を、私はいまだに捉えかねている。しかし最近、自分とおばたちの関係性に引きつけてなら、少しだけ理解できるようにも思えてきたのだ。

おばたちと私は、確かに、親子のように親しくはない。しかし、私という存在に対して、おばたちは常に正直だった。愛をくれよと全身で求めてくる私のことを、ときに好ましく思いながら、またあるときは心かき乱されながら、ちゃんと応答してくれていたのだ。そうやってままならぬ関係性を編み続けてきたことを、ともに生きてきた、という言葉以外でどう表現したらよいのだろうか。

親子のような関係性ではない、ということは、決して個々の関係性そのものの価値を下げはしない。むしろ、親しさだけではない、ときに緊張感や対立関係をはらんだ多様な関係性のなかで育つということは、実はとても大事なことなのではないかと、最近の私は考えている。

レシピ　いろんなアンペシエとフフ

アンペシエ（蒸した主食）はシチュー系の料理と一緒に食べる、とても一般的な主食。それを臼と杵でつくとフフと呼ばれる餅になる（南部の場合、主にキャッサバとプランテンでつくられる。他のイモ類は、「あれば」もしくは「キャッサバとプランテンが足りなければ」加える程度）。

ちなみに、フフはスープにひたしたものをひと口大にちぎって呑むのがマナー。

教えてくれた人：マー・シエラとエクヤ

材料

A
- キャッサバ
- プランテン
- ヤム
- ココヤム

……お好みのものを食べたいだけ用意

＊キャッサバは毒（青酸）の含有量が少ない「甘味種」を使うこと。甘味種の毒は皮と芯に毒が集中しているため、そこを取り除き加熱すれば安心して食べられる。もう一方の「苦味種」は、すりおろし・脱水・天日干し・加熱乾燥・発酵などの手順を経て毒抜きを行なわないと大変危険であるため、気をつけること。

- 水……鍋に入れた材料がひたひたになる程度
- 塩……少々

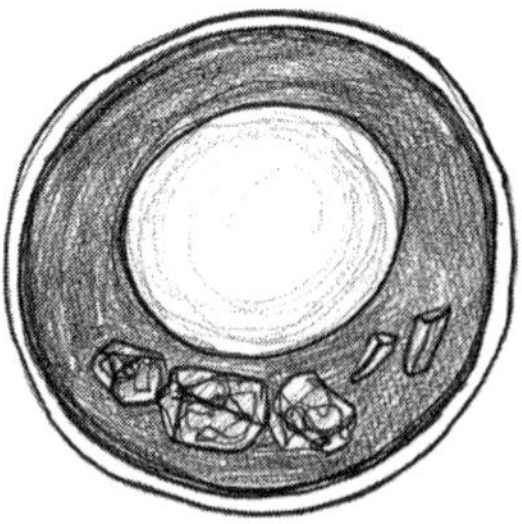

スープとフフ

アンペシエの作り方

1―Aの皮をむき、子どものこぶし大に切りつつ筋を取り除く。特に、キャッサバの皮と芯は丁寧に取り除く。

2―鍋に①と水、塩を入れ、ふたを少しあけて煮る。

3―少し水が飛んだら落しぶたをして、芯に火が通るまで蒸す。

フフの作り方

1―手や臼、杵の先を水で濡らす（余計な水は濡れていない方の杵の端を地面に打ちつけて落とす）。

2―臼にアンペシエをひとかけら置き、杵を振り下ろしてつく。振り下ろすたびに新しいかけらを足しつつ、つぶしたものを臼の中心に戻すようにこねる。

3―アンペシエをすべて臼に入れてつぶした後、好みの固さになるまでつき続ける。

フフをつくマー・シエラとエクヤ

第五章

関係性の宿る場所

離れていても育つもの

「アコシヤ」

　就職活動の面接を終えてスマホを見ると、誰かが私の名前を呼んでいた。Facebook Messengerに表示された送信者名はクウェク。ガーナではよくある名前だけれど、私はすぐにわかった。エドゥビアにいる弟だ、と。

　クウェクは、私がエドゥビアでお世話になった家族のひとりだ。とても利発な子で、身の回りのものを組み合わせてアイデアを形にしていくさまは、さながら小さな発明家のようだった。葉っぱの舟やおもちゃの車にモーターを付けて動かしたり、私が持ってきた竹とんぼを真似してプロペラをつくったり……クウェクは調査記録を付ける私の横で工作をするのが好きで、小学校が終わると飛んで帰ってきた。そのパタパタという足音や、「アコシヤ、見て！」と目を輝かせる素直さが好ましく、私は小学校が終わる時間になると、（何気なさをよそおいつつ）中庭に出てクウェクの帰りを待っていたのだった。

　次々とアイデアを思いつくクウェクを、私はよく「科学の子ね」とほめた。そうすると、クウェクは鼻の横にしわを寄せてはにかむ。とびきり大きな口を持つ彼は、笑うと白い歯がよく見えた。本人は少し気にしているようだが、そこがかわいいと思っているのは私だけではないはずだ。

　お別れの日、故郷の山を描いたポストカードを渡しながら私は言った。

「私の日本での名前は、井出※有紀。覚えていてね。もし日本に来ることがあったら、ここを訪ねて。私の家族や親戚が、必ずいるから」

　けれど心の中では、「私たちはまたすぐに会える」と思っていた。日本で就職活動を終えたら、ガーナに戻ってフィールドワークを継続する予定だったからだ。しかし、二〇二〇年一月末

クウェク

から流行し始めた新型コロナウイルス感染症が、容赦なく私たちを引き裂いた。村の子どもたちと直接連絡を取るすべもなく、私は東京の下宿でひとり過ごすほかなかった。

当時漢字の名前のみで登録していたFacebook Messengerにクウェクからのメッセージが届いたのは、ちょうどそのころである。クウェクは私の名前をちゃんと覚えていたのだ。村では「有紀」なんて一回も呼んだことないのに。きっと、どうにかして中古のスマホを手に入れて、私の名前を検索したのだろう。そしてこの広いインターネットの世界の中で、私のことを見つけ出してくれたのだ。

離れていても、育つ関係性ってあるんだ――。私は胸がすくような、熱くなるような気持ちでクウェクからのメッセージを眺めていた。そして考え始めた。距離や会えない時間を超えて、私とフィールドの人たちは、どうやったら家族でい続けられるのだろう、と。

※著者旧姓

私とイッイー

　私は、草加の家でママ・ムナやラティファ姉さんと料理をしたり、イッイーと遊んだりするのが好きだ。一方で、家族と一緒に外出するとき――つまり、第三者の視線のあるところに行くと、何とも言えない居心地の悪さを感じることがある。でも、それは決して家族たちのせいではないのだ。

　コロナ禍のある日、ママ・ムナに誘われて東京近郊のガーナ人ムスリムの集いに参加したときのことである。車からの荷物の運び出しに気を取られているおとなたちの横で、イッイーがひとりで風船遊びをしていた。するとそこに初老の（おそらく日本人の）女性が通りがかり、襟口で鼻を覆いながらこう言った。

「ちょっと、自分の子どもくらいちゃんと見ていてくださいっ」

これは私の推測に過ぎないが、彼女の語気が強めだったのは、おとなたちの注意を引くためだけではないように思う。この出来事があった二〇二〇年当時、外国人コミュニティは、新型コロナウイルス感染症のクラスターが多く発生している場所として度々名指しされていた。女性の動作からして、そのような状況のなかで外国人が集う様子を快く思わなかったのではないだろうか。日本人の私が出ていって「ごめんなさい」と言うと、少し面くらったような様子でそそくさといなくなってしまった。私はその態度にやや理不尽さを感じたが、それでも何も言わなかったのは、私自身に日本の「当たり前」――「自分の子どもくらいちゃんと見ていなさい」等々が染みついているからだとつくづく思う。

ガーナ人コミュニティのなかにいても、私の見た目は「日本人」で、振る舞いもとっさには「日本人」的なものが出てくる。そんな自分の在り方を意識するたび、実を言うと私は横にいるイッイーの視線がひどく気になってしまう。イッイーは、私という存在の異質さをどう理解していくのだろう、と。

草加のガーナ人コミュニティで、私はいつも「ママ・ムナの娘です」と自己紹介する。ママ・ムナがそれに加えて「フィデルスの友だちだよ。ガーナ大学に留学してたの」と言うとおとなたちは皆納得し、その後は誰も私の存在を不自然には思わないようだ。ガーナ服を着てたどたどしいチュイ語を話し、しかも集合時刻に度々遅れてくる私を「ガーナ人だ」と言って笑う。

しかし、日本で生まれて育つイッイーからしてみたらどうなのだろう。日本で育つイッイーは、今後、「家族は血のつながりによるもの」という、今の日本社会で力を持つ価値観を身につけながら育つかもしれない。一方、私はガーナ人の娘を名乗りながらも、血縁的にはアフリカ系のルーツを持たない。そのことが、イッイーの目に「おかしなこと」として映る日が来るのではないかと、私は時々考える。

今のところ、イッイーは私のことが大好きだ。かつて、私がおばたちの後を付いて歩いたように、「私の有紀ちゃん」と言いながら腰回りにしがみついてくる。これから成長していくこの子に、私は家族たち、そしてイッイー自身との関係性をどう説明できるだろうか。

分かち合うことが家族をつくる

　一一月の木枯らしを抜けて草加のアパートのドアを開くと、そこは戦場のようだった。ママ・ムナとその妹のラティファ姉さんが部屋いっぱいのガーナ食材の中に埋もれながら大鍋をかき回している。

「あと一日で、こんなに調理しきれるのかな!?」

　私は戸惑いながらも輪のなかに加わり、アヨヨ（モロヘイヤ）の葉を摘みだした。翌日はイスラームの預言者生誕祭「モリディ」の日だ（ガーナ以外の地域では、主に「マウリド」の名で知られている）。料理上手として知られるふたりはモスクメンバー約七〇名のご馳走の準備を任され、丸二日ほどかかりっきりで料理に勤しんでいた。

この部屋には、ラティファ姉さんとともに、その娘イッィイーも出入りしている。やんちゃざかりのイッィイーの横で料理をするのは大変だ。私がミートパイの生地をのばしはじめると、案の定イッィイーは目を輝かせて「私もできるよ！」と言わんばかりに突撃してきた。パイ生地の端っこを粘土のようにこねたり顔に付けたり、目が離せない。イッィイーの祖母であるママ・ムナは、そんな彼女にトマトシチューを食べさせようと奮闘していた。

しかし、ママ・ムナはイッィイーに与えてばかりいるわけではない。例えば、イッィイーがお菓子を食べているのを見ると、ママ・ムナは「おばあちゃんにもちょうだいよ！」と力ずくで奪い取り、がぶりと一口食べてしまうのだ。私は「やりすぎだよ」と呆れてみせるが、これは彼女なりの分かち合いの教育なのだと理解している。

ママ・ムナとラティファ姉さん、その生みの子であるイッィイーには、血のつながりがない。ラティファ姉さんは、ママ・ムナの二番目のパートナーであった元夫の妹だ（ママ・ムナの最初の夫であるフィデルスの生父は、すでに他界している）。ママ・ムナは二番目の夫との結婚をトラウマとして記憶しているようだが、それでもその妹までは切り捨てない。「ラティファは元夫より私と親しいから」と、モスクの行事があるたびに毎回違うおそろいの服を着て、姉妹として出かけていく。

　血縁や結婚だけに拠らない家族を持つのは、彼女たちだけではない。実際、私が詳しい聞き取りを行なった五人の調査協力者全員が、血はつながっていないが家族と呼べる人がいると話していた。何をもってある人を家族とするのか、はっきりとした線を引いている様子はないが、例えば村の世話役のエマニュエル兄さんは、仲のいい教会メンバーの男性をきょうだいと言い表す理由についてこう語っていた。

「もし彼に問題が起きたら、僕は彼を助けるだろう。反対に、僕が困っていたら彼は助けてくれる。何を望んでも望まれても、僕らはお互いに与え合うんだ」

　自分が困ったとき、相手は助けてくれるだろうと思えること、そして自分も相手の人生に巻きこまれる準備ができていること。このような、セーフティネットとしての相互扶助的関係性を、彼は家族と言い表しているようだった。

「いいかい、家族は助け合いの場なんだ。救われたり、育てられたり、必要に応じて援助してもらったり、それが家族ってものだよ。たとえ血がつながっていなかったとしてもね」

草加の家族のもとを訪ねるたび、私はこの言葉を思い出す。

大量のアヨヨの葉をちぎる

親しさを更新する

「私は悪い人なんかじゃないっ」

深夜二時、フェリシアがすごい勢いで電話をかけてきた。眠さと訳のわからなさのあまり怒りに似た感情が脳天を突くが、ぐっとこらえる。話を聞いてみると、彼氏とのけんかで「君は悪い人だ」と言われたことがショックだったらしい。「私の彼氏に電話して、なんでそんなこと言うのかきいてみて」とお願いされてしまった。

私、フェリシアの彼氏とは一回しか（しかも電話でしか）話したことないんだけどなぁ……。そう思いながらも、彼に電話をかけてみた。彼は彼でフェリシアへの不満を爆発させていて、私はしばらくの間「フーム（やや深刻な相槌）」「アーハーン（共感の相槌）」を繰り返しながらそれをきくことになる。こんな夜更けに、いったい私は何をやっているのか。

そのうち、うっぷんが晴れたと思われる彼が「そういえば、知り合いが日本からオートバイを個人輸入したんだけど、こっちで買うより安いらしいんだ！　後からお金払うから、買って送ってくれない？」とやや面倒くさいことを言ってきたので、「私はそんなルート知らないよ。第一、お金ないから無理」と説明して寝た。

翌朝目が覚めてすぐ、私は昨晩のやりとりを「あれはあれで面白い体験だったな」とノートに書きつける。そして、「でもそういえば、フェリシアはなんでわざわざ私に仲介役を頼んだんだろう」と疑問に思い、彼女との過去のやりとりの記録をパラパラとめくってみた。

フェリシアとダイアナおばあちゃんの関係性についてのメモ

私：「もし将来就職とかの都合で北部に帰ることになって、今まで通りおばあちゃんのところに通えなくなったら、どうやって関係性を保つの？」

フェリシア：（間髪おかずに）「電話やビデオ電話で頻繁に連絡を取り合うわよ。今何をしているか、昨日何があったか、明日何をするかお互い報告するためにね。離れていてもお互い気にし合う（のが「親しさ」って）ものでしょう」

その迷いない語りの記録を見て、私は改めてこう思った。人々は日々世話し合うことを通じて家族になるけれど、あるときからは（たぶんいつの間にか）、家族であり続けるために思い出し合い、ときに助け合うのだな、と。

そして、ほかの家族たちとの間でも同様に繰り返される、他愛もないやりとりのことを思い出した。

「アコシヤ、元気？」

「うん、元気だよ。あなたはどう？」

「元気だよ」

「神様ありがとう」

過去のチャットを振り返ってみると、このような挨拶が数日おきに約三年半分延々と続いていて我ながら驚く。

また、ガーナの家族はよくビデオ電話をかけてきてくれるのだが、特に電波が不安定なエドゥビアの家族との間で、深い会話が成立することはめったにない。ただお互いの顔を見て喜んでいることが伝わるばかりだ。ある時期など、音声はほとんど聞こえないまま、クウェクが腕に抱える「ペット」のヒヨコがニワトリになる様子ばかりを見ていたこともある（ちなみにその後、当たり前のようにニワトリはスープの具になり、私は、「ペットって言ってたじゃん……」とにわかにショックを受けた）。

この手のやり取りについて、「時間の無駄だ」もしくは「面倒くさい」と思う人もいるかもしれない。私も正直、夜中にたたき起こされた瞬間にはそう思うことがある。しかし、翌朝すっきりとした頭で考えてみると、それは決して無駄ではないのだ。こうして日々気に掛け合い、親しさを更新していくことで、私たちは家族関係を紡いでいくのだから。

さぼらないこと

コフィは高校時代、父方のおばの家で、血のつながらないふたりのきょうだいと暮らしていた。彼らは数年前に家を出たため、今では日常的に助け合うような関係性ではなくなっている。しかしそんな今でも、コフィは彼らのことを家族だと思っているという。そのことについて、彼はこう説明していた。

「僕らは子ども時代を共有したし、離れている今でも彼らが何をしているのか気になるから」

私はコフィときょうだいの関係性が、ママ・ムナと育母やきょうだいたち、そしてフィデルスと尚文さんのように、世代を超えて継がれていくものなのかが気になった。そして、正直に白状すると、そうであってほしいと期待していた。だから、こんなふうに問いかけてみたのだ。

「もし将来コフィが子どもを持ったら、その子はその人たちのことをおじだと考えると思う？」

しかし、コフィの答えは、私の安直な願望とは少し違ったものだった。

「もちろん知り合う機会があれば、お互いに家族として扱うようになると思う。でも僕の仕事の関係上（このころ、コフィは国際関係の仕事を志していた）、それは難しいんじゃないかな」

先入観を覆されて、私は少し動揺した。では、距離や世代を超えて編まれ続けていく家族関係とそうではない関係、それらの違いはいったい何なのだろう。

私はすこし逡巡したものの、今度は自分を主語にしてきいてみることにした。えい、当たって砕けろ。

「――じゃあコフィ、私は？　肌の色が違うから、私とコフィに血のつながりがないことは見てすぐわかるよね。それでも私はコフィの将来の子どもたちにとって、おばになれると思う……？」

私はやや緊張しながら、コフィの言葉を待つ。彼は少し沈黙して――、少し照れ臭そうに早口でこう言った。

「……なれると思うよ。ガーナでは、血のつながりよりも社会的な役割を果たしているかどうかの方が重要なんだ。だから君が贈り物をしたり、面倒を見たり、関わり続けさえすれば血はつながっていなくても家族になれる。続けること、さぼらないことが重要なんだ」

なるほど、さぼらないこと——。単純で、しかし実践するのが難しいこの言葉は、私の胸の奥にすとんと落ちていった。

私のガーナの家族たちは、不思議なくらい惜しむところがない。「ここはあなたの家なんだから、いくらいたっていいのよ」と何週間も家に居候させてくれたり、訪ねていって玄関のドアをあけた途端に「もうごはん食べた？」とスープを温めはじめたり、「悪いからいいよ」と何度断っても交通費や病院代を払うといってきかなかったりする人たちなのだ。温かさとやさしさ、そして少しの煩わしさを、スコールのようにガンガン吹かせてくる彼らとの日々は、私にこう問いかけ続けていた。

「愛することを面倒くさがってはいないか？」

「愛することをさぼってはいないか?」

「愛することを惜しんではいないか?」

しかし一方で、彼らは私から何かを返されることなどちっとも期待していないように見える。けれど、私は愛したかった。長い距離を超えて、彼らと「さぼらない関係性」を築くには、どうしたらよいのだろうか。

そんなことを考えていたある日、エマニュエル兄さんから連絡が来た。

「やあ、有紀。元気にしているかい? 前に話していた子どもセンターを、君の次の来訪に向けて建てているよ。このセンターの名前を、「Yuki Child Research and Development Centre(有紀子ども研究・発達センター)」にしたいと思うんだけど、いいかな?」

ガーナの家族たちは時折、まるでこちらの様子が見えているかような、粋なタイミングで連絡をくれる。このときもそうだった。名前の仰々しさにやや気後れしつつも、私は心の底からうれしかった。

現地において、ある子どもの名づけ元になるということは、すなわちその子の拠り所のひとつになるということだと、私は考えている。今回の場合は子どもではないけれど、エドゥビアの社会開発はエマニュエル兄さんが人生をかけて取り組もうとしている夢だ。その拠点に「有紀」という名前が継がれたことにより、私は改めて、エマニュエル兄さんの夢を一緒に育てる存在でありたいと思いはじめていた。

家族が宿る場所

「やあ、有紀。君の娘は元気だよ」

日本の春に私がエマニュエル兄さんへ送った荷物は、どんぶらこっこと船旅に揺られ、その後複数の知人の手を経て、秋の風が吹き出したころにエマニュエル兄さんのもとへ届いた。今回送ったのは、二〇二一年六月に生まれたエマニュエル兄さんとリティシア姉さんの第一子、モミへの贈り物だ。桜柄のじんべいと日本語・英語両方の音楽が流れるリモコン型のおもちゃ、そろそろ届くだろうかと思っていたところに、エマニュエル兄さんから写真が送られてきた。桜柄が華やかに散りばめられたじんべいは、一瞬和服であることを忘れてしまうほど、モミによく似合っていた。そして、それよりもうれしかったのが、エマニュエル兄さんがモミのことを「君の娘」と表現したことだ。

私とモミに、当然血のつながりはない。しかし現地では、相手への親しさの表明として、自分の子のことを「あなたの子」と言い表すことがよくあるのだ。

私の子は、モミだけではない。草加のアパートのドアをあけるたびに、「有紀ちゃーーーーん!!」と満面の笑みで突進してくるママ・ムナの孫、イッイーも、間違いなく私の娘だ。出会ったころ三歳だったイッイーは六歳になり、来る四月から使う予定のランドセルを背負って私のまわりを走りまわっている。紫色の生地にピンクの縁取りがついたガーリーなランドセルは、私と一緒に行った量販店でイッイーが選んだものだ。数年前、右も左もわからぬ赤ん坊のようにガーナで「もう一度生まれた」私は今、小さな子どもたちの存在により、母にしてもらいつつあると感じている。

エドゥビアで出会ったときはほんの子どもだった妹・弟たちは、今では立派な若者になった。最近手にした中古の携帯電話を使って、ちらほらと私に連絡をくれる。長らく連絡の取れなかったエクヤもそのひとりだ。ある日、電話をかけて

モミへ贈った桜柄のじんべい

きたエクヤが何か話したそうにしているので「どうしたの?」ときくと、恥ずかしそうにこう言った。

「アコシヤ、私、日本に行ってみたいの」

「エイッ、エクヤ」私は正直に返した。「みんな日本に来たいって言うけれど、物価高いし、孤立社会だし、働きづめだし、思うようなところじゃないかもよ?」

するとエクヤは笑いながらこう言う。

「ああ違う、ただ見てみたいの。こことは違う世界がどんなふうなのか」

エクヤの素直な答えは、不思議に私の心を打った。十代半ばごろ、私も確かにこんなふうに思ったことがあった、と思ったからだ。そして私はガーナへ行き、家族たちと出会った。

「そうだよね。じゃあ、エクヤが来たら、私の故郷を案内しよう」

高い山に囲まれ冷涼な風の吹く私の故郷を、エクヤはどのように見るだろうか。そして、そこに暮らす私たちを見て、何を思うだろうか。未来を想像するのは、いつも楽しい。

クウェクからは時々、手描きの絵や工作などの写真が送られてくる。クウェクがつくるラジコンカー（車体まで手づくり）やボックススピーカーは、もはや私にはどのような仕組みで動いているのかわからないほど精緻なものになってきた。けれど実を言うと、私のいちばんのお気に入りは、一年ほど前に送られてきた、いかにも「お絵描き」といった感じの一枚の絵だ。大きな虹の下で、子どもが音楽を聴いている。けれどそれを見たとき、私はびっくりして泣きそうになってしまった。なぜなら虹の描き方が――絵の具をグラデーション状に含ませたスポンジをワイパーのように使ってアーチを描く――私の教えたものだったからだ。

私のまなざしや言葉やしぐさのなかにも、ガーナの家族たちが宿っているのだろうか、と私は考えた。そうでないはずはなかった。血縁を超えて家族関係を築くことは、もはや私自身の生き方になっている。私はまさに、ガーナの家族たちが育てたとおりの人間として今ここに存在しているのだ。

ある人と私の関係性は、私たち二者の間に在ると同時に、私自身の生き方に表れる。私がガーナの家族から教えてもらったのは、惜しみない愛情のやりとりによって人間関係を築くことだった。だから、どこにいても誰といても、私が人と関わる限り、私の周りの人間関係にガーナの家族の存在が宿っている。そして、これからの私を生かしていく。

そのときにしか築けない家族関係について

「あら、ここは……典型的な村って感じね」

私の帰省に付いてきたフェリシアはそう言ったけれど、二〇二三年のエドゥビアは、私の記憶のなかのそれとはだいぶ違っていた。まず、以前来たときには抜けてきたはずの熱帯林がない（後退している）。金の違法採掘やら、家の建設やら、道路の拡張やらで伐採が進んだようだ。四年あれば何でも変わる。村は町になっていた。

かつて子どもたちが走り回っていたマー・シエラの家には、今ではおとなばかりが暮らしている。パパ（マー・シエラのきょうだい）たちのうちふたりは村の中心から外れた場所にそれぞれ家をつくり、妻子を連れて移り住んだ。そこでまた、血縁があったりなかったりするほかの人たちと一緒に暮らしているらしい。また、四年前、中庭でころころとじゃれあっていた子どもたちは、半分以上が進学のためにほかの家族などを頼って都市部へ出ていったそうだ。かわりに、中庭には新顔の「ニペヒェモワ（誰しも助けが必要）」という名の子犬がいて、足元にじゃれついてしっぽを振っている。

四年間の不在を埋めるように家族たちの近況を尋ねる私に、マー・シエラが蒸したキャッサバとプランテン、なすをたっぷり使ったシチューをつくってくれた。

「一緒に食べましょう。ぜーんぶ、食べるのよ」

どーんと目の前に置かれた大量のシチューだけが、四年前と変わらない。料理に手を付けはじめた私を見て、マー・シエラとパパたちが両手を身体の外側に広げながらこう言う。

「アコシヤ、（横に）大きくなったねぇ」

仕方がない、四年あればなんだって変わるのだ。

中庭の回廊を、見覚えのある女の人が歩いてきた。エクヤの生母だ。挨拶を交わした後、彼女は特に断りもなくマー・シエラの部屋にするりと入っていった。「エクヤたちと親しくしているんだね」と言うと、マー・シエラはあっけからんとこう述べた。

「私はエクヤとの関係性を切らなかったの。だって、私が追い出したわけじゃないもの。エクヤが自分で出ていくって決めたのよ」

マー・シエラとエクヤ、その生母たちは、親子関係を解消した後も日常的に行き来し合う関係性を続けていたのだ。

バタン、とコンパウンド入口の扉が派手に開く音がして（これも以前はなかった、扉なんてないただの通路だったのだから）、パタパタと誰かが駆け入ってきた。私は振り向く前にもう、誰が来たのかを知っている。

「アコシヤ！」

すらりと背が伸びた弟、クウェクだ。鼻の横にしわを寄せて、歯を見せながらはにかむところに以前の面影が残っている。クウェクは私がガーナに着いて間もないころから「いつ来るの」「待っているよ」と電話やメッセージをくれ続けていた。

チュイ語で親しげに談笑するマー・シエラとクウェクの様子を見て、あれ?と思う。このふたり、四年前はあまり仲よくなかったのだ。

「(村のはずれの家に)引っ越した後も、クウェクは時々この家に来ているの?」

そう尋ねると、クウェクは「うん」と言い、マー・シエラは

「クウェクはとてもいい子だから、学校が終わると毎日挨拶に来るのよ」

とニコニコした。本当に、四年あれば何でも変わるのだ。

翌日、クウェクは村はずれの新しい家に私とフェリシア(+近所の子どもたち大勢)を招いてくれた。入口からまっすぐ伸びた廊下のつきあたりには自転車があって、クウェクがスマホを操作すると、なんと、そこから音楽が流れだす。

「バイクに乗りながら音楽を聴いている人を見て思いついたんだ。USBとメモリーカードでつくった小型スピーカーを、自転車に取りつけてあるんだよ」

そう説明してはにかむクウェクの成長を、私はとてもまぶしく見ていた。

数日後、私とフェリシアはエドゥビアを発った。空港でフェリシアと別

れた後（べそべそなく私を「ほらほら、感情的にならないのよ」となだめたフェリシアだったけれど、実はこっそりと涙を拭っていたのを私は知っている）、飛行機への搭乗を待ちながら記録用のビデオを振り返っていると、クウェクのスピーカー付き自転車を映したものが目に留まる。タップすると、陽気な音楽が流れ出した。

Finally I see your face　やっとあなたに会えた
Oh my days　ああ、私の日々
I been out here looking for
　you for days　あなたのことを探していた私の日々
I just want to say　これだけ言わせて
My head　私の頭
You day for my head……　あなたは私の頭の中にいた

（ガーナのミュージシャンKelvyn Boyが二〇二二年にリリースした"Down Flat"という曲の一節）

その場にいたときには、全然気づかなかった。クウェクが流していたのは、再会の曲だったのだ。単なる偶然かもしれない。けれど、これからこの曲を聴くたびに、私はガーナの家族との再会、そして彼らへの思いを燃やしながら、オンラインで調査ややりとりを続けていた日々を思い出すだろう。

私がガーナのフィールドや、そこで出会った家族たちに対し強い愛着を持ち続けていることについて、「単にはじめて行った(アフリカの)国だからじゃない？」と言う人もいる。確かにそうかもしれなかった。はじめてガーナを訪れた際、行き先を選んだのは私ではないし、フェリシアとも、向こうから声をかけてくれたから仲よくなった。エドゥビアだって、「家族関係について研究するならここが最適」と様々条件を吟味して決めたわけではない。もし、私がフィールドワークを始めたのが今だったなら、全く違うフィールドを選び、全然違う人たちと親しくなっていたのではないかと思う。

私はいつも、自分の人生に偶然現れてくれた人たちをただ理解したいと思ってきただけだった。向こうだってそれは一緒だっただろう。私がある日、降って来たように突然教室や村に現れたから、はじめは物珍しさからよくしてくれただけで、もし日本人が十人来て「相性のよい人を選んでください」と言われたら、私には目もくれなかったかもしれない。

しかし、ともに時間を過ごして話をきき、また私も語るうちに、はじめは単に「フィールドの人」と「オブロニ」だった彼らと私は、それぞれ異なる名前や好み、来し方を持つ個別具体的な存在として、お互いの心の一部を占めるようになった。それぞれと話す内容も、私がききたいと思うことも、向こうに「一緒にやろう」と言われることも分化していった。それはつまり、彼らひとりひとりが私のなかで、彼らひとりひとりのなかで私が、替えのきかない存在——家族になったということなのではないか。

ガーナでフィールドワークを始めた二〇一八年、私は二十歳の大学生だった。それから約四年半の家族とのやりとりをこの本の原稿に詰め込み、周囲の研究者に見せると、こんな感想が返ってきた。

「これは、娘としてガーナに行ったからこそ書けたものだと思う。これからあなたが例えば母になってガーナに行けば、違うものが見えてくるでしょう」
「人には、そのときにしか書けないものがあるのです。だから、そのとき書けるものを書くことが大事なのです」

そのときだから見えたもの、今は見えなくなってしまったもの、新しく見えてきたもの。フィールドで私が見るものは、過去の経験や現在のライフステージに否応なく左右される。そして、フィールドでの経験もまた、私自身のものの見方を揺さぶり、問い直し、再構築していくのだ。

すべては流動する。変わっていくものと変わらないものの間で、そのときにしか築けない関係性を織りなし重ねながら、私たちの家族関係は続いていく。

suffering malaria and other diseases. Furthermore, I strongly wish that you can construct your life as you wish by the grace of God.

Wherever I am, you are part of my life. And please remember that I am also in your heart and always smiling to you.

Our "family" relationships will continue to be tight and we shall definitely meet up in the future.

Much love,
Akosua Yuki

フィールドの家族たちへの手紙

Dear Nana, Nanabaa, Papa, Maa, Onuapa in Ghana and partly in Japan

This book is about flexible "family" stories in modern Ghana and myself.
From my fieldwork at your place, I found that you are constructing "family" relationships beyond the blood, by caring each other on a daily basis. And surprisingly, you have involved me in those relationships even beyond the race.
I thank God very much for letting me meet you, so I devoted myself into writing this book; the life stories you have told me, and how it affected my life.

I sincerely pray that the almighty God will protect you from

Mebɔ mpae sɛ Onyankopɔn bɔ mo ho ban na moannya Asramma, anaasɛ nyarewa bii da. Bio nso, mebɔ mpae sɛ, ɛnam Onyankopɔn adom mu no, wobɛtumi akyekyere m'abrabɔ sɛnea mopɛ.

Baabiara a mewɔ no, mo nyinaa mo wɔ hɔ. Mesrɛ sɛ mu nso bɛ kae sɛ, mewɔ wo m'koma mu, a m'eserew kyerɛ wo abere nyinaa.

Sɛ saa yɛn "Abusua" twaka yi bɛkɔ so, na yɛbɛsan ahyia bio wɔ bere a enni akyiri mu.

Ɔdɔ a emu yɛ den,
Akosua Yuki

(Translation: Kofi Charles Afrifa Achangpong)

Twi Version

Me Nana, Nanabaa, Agya, Maame, anuanom a mo wɔ Ghana ne mo a mowɔ Japan,

Saa nwoma yi fa "abusua a ɛtrɛw", nsɛm a ɛwɔ Modern Ghana ne me nso me ho.

Efi me nhwehwɛmu adwuma a meyɛe wɔ mo nkyɛn no mu no, mihui sɛ morekyekye "abusua a ɛtrɛw", abusuabɔ a ɛboro mogya so, mepɛ akeyrɛ sɛ, sɛ nea mohwɛ mo hu mo hu so yie da biara da no. Nea ɛyɛ nwonwa ne sɛ nea mode me ahyɛ saa twaka yi mu, mpo se me firi akyirikyiri yi.

Meda Onyankopɔn ase paa sɛ ɔmaa me kwan ma mehyiaa mo nyinaa. Ne saa enti, mede sii me ani so sɛ mɛtwerɛ saa nhoma yi; asetena mu nsɛm a mo nyinaa ka kyerɛɛ me, ne sɛnea ɛfa nso m'asetena mu.

参考文献

第一章

- Ghana Statistical Service, "2021 PHC General Report Vol. 3C, Background Characteristics"（PDF）. P. 58.
- "Come to Ghana if you're unwanted – Tourism Minister to African Americans" Ghana Web, 5th June 2020
https://www.ghanaweb.com/GhanaHomePage/NewsArchive/Come-to-Ghana-if-you-re-unwanted-Tourism-Minister-to-African-Americans-971839
（最終アクセス：二〇二〇年一二月二〇日）

第三章

- 出入国在留管理庁（二〇二三）「在留外国人統計」第二表　国籍・地域別　年齢（五歳階級）・性別　在留外国人
https://www.e-stat.go.jp/stat-search/files?page=1&layout=datalist&toukei=00250012

&tstat=000001018034&cycle=1&year=20220&month=24101212&tclass1=000001060399

・総務省（二〇二二）「人口推計　2022年（令和4年）12月報」
https://www.stat.go.jp/data/jinsui/pdf/202212.pdf

・草加市（二〇二三）「草加市統計書（令和四年版）」一　社会編　1・1　人口1・1・6国籍別人口
https://www.city.soka.saitama.jp/cont/s1301/030/020/010/010/01.html

・川口市（二〇二三）「川口市統計書」第二章 人口 二二表　国籍別・外国人住民数
https://www.city.kawaguchi.lg.jp/soshiki/01020/010/toukei/13/2778.html#h_idx_iw_flex_1_3

（いずれも最終アクセス：二〇二三年一一月六日）

第四章

・児童労働（ILO駐日事務所）
http://www.ilo.org/tokyo/areas-of-work/child-labour/lang--ja/index.htm
（最終アクセス：二〇二〇年一二月二四日）

解説

フィールドワークは終わらない

大石高典

日本からガーナへ、ガーナから日本へ

本書は、日本と西アフリカのガーナを行き来しながら、ケアと家族のあり方を糸口に他者と共に生きることをめぐる著者の思考が短編エッセイを連ねる形でつづられたノンフィクションである。著者の小佐野（井出）有紀さんは、私のゼミの卒業生で、原稿は二〇二〇年度に東京外国語大学国際社会学部に提出された卒業制作作品をもとにしているが、学内公開研究会（海外事情研究所）でのディスカッションや二名の査読委員（学内専任教員と学外ノンフィクション作家）によるコメントを受けて、大幅な加筆修正と再構成が行なわれた。卒業制作の段階では、一五万字を超える分量に盛りだくさんのエピソードが盛り込まれていたが、それをまる

まる二年の熟成期間をかけて三分の一近くにまで煮詰めたのが本書ということになる。この期間は、ちょうど新型感染症によるコロナ禍と重なった。

この作品の第一の特徴は、ガーナ共和国南部を中心とする一般庶民の生活世界が、ガーナ大学への派遣留学生として一年間（二〇一八〜二〇一九年）にわたって現地社会に住み込んだ著者の経験をもとに、青年後期の多感な感性と丁寧な筆致で描き出されていることである。著者は、留学先のガーナ大学を拠点としながらも街や村へと飛び出しながらガーナ社会での住み込みフィールドワークを試みた。著者は、それを自らが「新しく生まれなおす」ような経験であったと述べる。この自己認識は、著者がガーナでの名前「Akosua（アコシヤ）」を日本での名前である「有紀」と並ぶ形で使っていることにも表されている。なぜアコシヤかと言ったら、日曜日生まれだからだ（三五頁）。著者の出会ったガーナ社会の様子は、テキストと本文に添えられた手書きのイラストを通じて視覚や聴覚、嗅覚までも刺激するかのような新鮮さで——例えば、夜景の光はどんな形をしているか（二九頁）とか、偶然耳にした歌の歌詞（六七頁など）だとか——表現されている。そのうち、留学生活における数々の出会いをきっかけとして、著者の家族観や他者についてのイメージは揺らぎ、転回を始める。著者にとって最初に大きな衝撃だったのは、誰の子かに拘泥せずに周囲の大人が共同で子どもを育てるという子育てのあり方だった（二五頁）。血縁や婚姻による結びつきを必ずしも必要としない家族とのつながりは、留学期間を超えて日本に帰国した著者の東京での生活や思考、社会関係にも変化をもたらしていく。

著者は学生時代に、アフリカ地域研究と文化人類学を学んだ。地域研究という知的探求にとって、フィールドワークは極めて重要な手掛かりとなる（児玉谷ほか編 二〇二一）。文化人類学者の田中雅一によれば、フィールドワーカーにとってのフィールドとは、自己と対象社会との間で生まれる接触領域（コンタクト・ゾーン）である（田中 二〇〇七）。著者においては、留学先のガーナでのフィールドがホームである日本に逆照射されて、接触領域が拡大していった。著者は、現地社会との相互作用のなかでの自己変容の過程を、瑞々しい文体で描き出しつつ、読者に家族とは何かやケアの持つ力について問いかけるわけだが、著者の家族関係が国境を超えてマルチ・ローカルに増殖していく背景には、（元）留学生としての著者の国際移動だけではなく、現代ガーナ人移民の日本をはじめとする世界的なネットワークの存在があることに読者は気づかせられる。本書は、人のつながりに導かれた著者が、ガーナと日本をまたがる八つのフィールドを「流動」してできた(九〇頁)。

学術書ではなく、あくまでノンフィクションとして書かれた本書は、著者の重んじるあえて「主観的なもの」を隠さない記述スタイルをとっている。それによって、異文化と交わる著者の情動が伝わりやすく、読者は良質の民族誌がしばしばそうであるように、著者のフィールドでの経験を共に追体験しているかのような感覚を味わうことができる。自己民族誌(記述者自身の経験を対象とした民族誌のこと)的な側面を色濃く有する本書は、著者によるアフリカやガーナ社会に対する思い籠め、憧れと幻滅、自文化とは異なるものに触れたときの葛藤などが描かれている。これらは文化人類学者(の卵)が初めての長期フィールドワークで出会う試行錯誤の数々とまさに重なるものであるが、現地でうつ状態に陥った時のことが再帰的に振り返られている(七七頁)ように、著者はこれらの情動経験を、ありのままに提示することによって、フィールドにおける自己を安易に表象してしまうことを避けている。本書には、現地社会での言語をめぐるエピソードを含めて、文化人類学や異文化コミュニケーション研究を学ぶ者にとって興味深い事例や、アフリカで暮らしたことのある者が自身の生活経験と重ね合わせて思わずニヤリとしてしまうような記述が多数盛り込まれている。そして、出会った世界を理解しようと著者は、あの手この手で試行錯誤するが、次のような感慨に至る。

私はフィールドを、一生かかっても理解しきれないだろう。家族や世話というテーマに絞っても網羅しきれない。でもフィールドでの経験は、物事を突き詰めて考えがちな私をいつもちょっとだけ寛容に、楽にしてくれる。理由を決めつけるより、考え続けたほうがいいじゃないか、と。まずはただ形から真似してみるだけで、ちゃんと生きていけるじゃないか、と。(六〇頁)

分かりたいけれども分からないというもどかしさ・じれったさを抱えながら、でもとりあえずは現地の人々のやり方を自分なりに真似してみよう、というのは初心者からベテランまでフィールドワーカーに基本的な構えである。自己・他者に向き合うしんどさも含めて、一人の大学生によるフィールドワークの展開が生き生きと表現されている本書は、異文化への長期留学や初めてのフィールドワークに向かう前の学生にとっても、フィールドワークを教える立場の教員にとっても貴重な気づきが得られる読み物になっている。

家族と家族をめぐる物語——本書の構成

本書では、六万七千字というコンパクトな分量のテキストが、五つの章に分けて構成されている。冒頭の「どこにでもある家族関係について」と題された前書きでは、本書の目的が「血縁を超えた家族関係」についての個人的経験のストーリー・テリングであることが示される。また新型コロナウイルス感染症（COVID-19）による渡航制限の期間を通じて、著者の問いが「何が人々を家族たらしめるのか」から「何が私たちを家族たらしめるのか」へと変わっていった（七頁）ことが記されている。

読者はすぐに、本書の全体を通じて標準字体の「家族」と丸ゴシック体の「家族」が出てくることに気づくだろう。日本語の「家族」の意味は、「夫婦の配偶関係や親子・兄弟などの血縁関係によって結ばれた親族関係を基礎にして成立する小集団。社会構成の基本単位」（広辞苑）だが、丸ゴシック体の「家族」はガーナで著者が出会った必ずしも血縁・婚姻関係にはない者どうしのつながりも含んだ関係性のことである（「家族関係を表す言葉について」）。

第一章「ガーナについて」では、著者がなぜガーナに留学することになり、「世話する・されること」をテーマにフィールドワークを行うことになったのかが説明されている。また、本書の舞台であるガーナ共和国の地理・社会・言語文化の特徴が、著者の経験や著者がフィールドから日本の故郷で暮らす従妹に向けてガーナについて書き送った手紙の紹介などを交えつつ、具体的かつ簡潔にまとめられている。

大学入学前後（一〇代後半）に祖父の介護を経験した著者は、肉親のケアについて家族外に出すことを強くタブー視する地域社会の圧力の中で、自身の介護経験を「意味あること」として自分の人生に位置付けることを難しく感じ、その中でもがいていた。そのような背景のもと、留学で訪れたガーナで血縁関係にない人をためらいなく世話する人々の様子を見て、「世話すること・されることの意味を問い直してみたい」と考えたのである。

地理の紹介では、ガーナ各地への旅行により得られた見聞を提示することで内在的な視点から現代ガーナ社会の多様性を伝えつつ、著者がより深くコミットすることになる地域社会についての位置づけが与えられる。現代アフリカ社会についての基礎的な知識がない読者も、この章の内容を踏まえることで第二章以降へと容易に読み進むことができるように工夫が凝らされている。

第二章「エドゥビアでの日々」では、ガーナ南部のアシャンティ州の一村落エドゥビアで著者が出会った暮らしと、そこでの「恥じらい」の中でケアを受ける経験、すなわち血縁に保証されない家族関係への著者の気づきの発端となった経験が印象的な筆致で、かつコンパクトに描き出される。ホストファミリーとの生活やキリスト教会での活動を通じて、具体的な関係性の中で、著者は、何かの役に立たなくても居場所が与えられていることに気づき、そのことを受け入れていく。

第三章「世話でつながりを編む」では、著者がフィールドワークを行なったガーナと埼玉県草加市周辺の在日ガーナ人社会における家族関係に焦点があてられる。冒頭で、日本国内の調査対象について紹介がなされ、また家族関係の記述の方法が詳しく述べられたのちに、ガーナの小学校で著者が行なった家族についての質問紙調査結果の紹介（子どもたちによるイラストの絵解きを含む）を交えながら、「家族」表象の文化的な相違が説明され、また草加のコミュニティにおける血縁関係を超えて柔軟に展開する家族関係が紹介される。

第四章「揺れ動く家族関係」では、ガーナにおいて広く見られる里親養育によって生まれる家族関係について、家族が増えるということ、教育の機会確保、家事労働力としての子ども、などその多様な側面に触れながら紹介される。家族の間を移動する子どもと養育する親の間で交錯する感情と経済のダイナミックなありようが、著者の眼を通して、一見淡々とした筆致でありながら厚く描かれる。

第五章「関係性の宿る場所」では、日本とガーナの双方を往来しつつ家族関係について自問自答してきた著者が、第四章までの内容をふまえつつ、改めて「何が私たちを家族たらしめるのか」について考察する。そこでは、一見捉えどころのない「血縁を超えた家族」について、人と人の間に境界を作り出す制度としての家族と部分的に重なり合いつつも異なる、関係性（つながり）を生み出し、「分かち合い」の触媒となる社会的な場としてのイメージが提出される。最後には、コロナ禍を経て実現した、ガーナの「家族」との再会がかなった時の様子が紹介され、時間を重ねるなかでの変化や気づきが綴られる。

学部からのアフリカ留学

本書が書かれた契機は、著者によるガーナ大学への留学であった。作品が生まれた制度的背景となっている東京外国語大学におけるアフリカ留学への取り組みについても紹介しておきたい。この大学に海外留学を夢見て入学してくる学生は少なくない。二〇一二年に国内初の学部レベルで「アフリカ地域研究」を掲げた学科であるアフリカ地域専攻ができて、アフリカを学ぶ若者は着実に増えている。しかし、欧米やアジアなどの地域に比べると、アフリカへの留学はいまだマイナーな位置づけに留まっている。日本に暮らす二〇歳前後の若者にとって、アフリカへの長期渡航は、他地域への渡航に比較しても相対的に高い旅費、ともすると流動的な政治情勢、マラリアなどの感染症リスクなどを考慮すると、敷居が低いとは言い難い。加えて学生本人がアフリカ行きを希望しても、保護者からの反対を受けることも多いと聞く。まず、「親や周囲を説得すること」がハードルになっていて、学生たちは、この条件をクリアしてアフリカへと出かけてゆく。

これまでにアフリカに長期間出かけていった学生たちの渡航先は、セネガル、ガーナ、カメルーン、ケニア、タンザニア、ウガンダ、ブルンジ、ルワンダ、ジンバブエ、ナミビア、南アフリカ、モザンビーク、ザンビア、マダガスカル、スーダンの十五ヶ国を数える。サハラ以南アフリカ諸国への留学は、欧米の大学との交流が盛んなごく一部の大学を除けば、ホスト校から留学生へのサービスの規格化はなされていないか最小限であることが多い。欧米の有名校のようなブランド化された高等教育機関とは異なって、特別なプログラムを作って世界中から富裕な留学生を集め、大学運営の資金源にするなどといったことはしていない。したがって、留学生は、多くの場合は受け入れ先で、自ら動きながら現地の仲間たちと出会い、机を並べ、学生寮で同じ釜の飯を食べるなど、日常生活を共にすることになる。自由度があるためか、学生たちはしばしばキャンパスを飛び出して、企業やNGOへのインターンやボランティアを行なったり、本書の著者のように自分の関心を追究して現地調査に挑戦したり、モノづくりに弟子入りしたり、現地で起業を試みたり、何ヶ国ものアフリカ諸国を回る長期旅行をしたりといった様々な「脱線」をしている（大石・神代編 二〇二〇）。

例えば著者は、アフリカ専攻のホームページに寄稿した後輩向けの留学体験記「書を捨てよ、村へ入ろう～フィールドワーク留学のすすめ～」の冒頭で以下のように書いている。

私が求めていたのはガーナ社会に「没入」することであり、エリートばかりが集まるガーナ大学で書物と格闘することではなかったのです。普通、このような学生はそもそも派遣留学を選びません。大学を休学してインターンやボランティアの職を探し渡航するはずです。しかし、私はあえて派遣留学制度を利用したうえで大学の外に出てフィールドワークを行っていました。実はこのことに、有意義かつ安全なフィールドワークを行う上でとても大きなメリットがあったと思うのです。（井出 二〇一九）

道なき道を開拓する「オフロード留学」とも言えるこのような試行錯誤に、アフリカを目指す若者の意気込みが表れているように感じられる。

一方で、アフリカから日本に留学する学生の数は、特に学部レベルでは限られるという実態がある。経済格差のため、渡航や滞在の費用負担ができる学生が少ないからである。そこで二〇一七年に設立された現代アフリカ地域研究センターを中心に、民間企業に資金援助を要請したり、クラウドファンディングを立ち上げたりと、このアンバランスを是正する取り組みを行なってきた。その最初のアフリカからの留学生が、二〇一八年の春学期にガーナ大学から来たチャールズ・アチャンポンさん(本書の中ではコフィの名で登場)だった。当時在学生の著者は、チャールズと日本語とチュイ語の語学の教え合いをしたり、キャンパス・ライフのサポートをしながら、文字通り家族ぐるみで付き合いを深めていった(四九頁)。著者はその後何度も日本とガーナを行き来することになるが、その始まりは交換留学生との出会いだったのである。著者に続いて、アフリカ各国に留学する日本の学生たちもまた、まずアフリカからの留学生との交流を通して、具体的にアフリカで学びたいことやアイデアを豊かにしているようだ。具体的な誰かとの出会いが学びや問いの契機になっているのである。このように、日本の大学にアフリカからの留学生を迎えることと、日本から留学生をアフリカへと送り出すことは、深く結びついている。

自前のフィールドワークをやりきる

私が開講しているゼミでは、「フィールドの人類学」を看板に、「具体的なモノやコト」にこだわって、「地域に生きる具体的な人間について考える」ことにしている。可能ならば、どこかでフィールドワークの実践をするという以外は、対象地域、言語、調査方法は自由ということにしている。このように入口はなんでもありだが、アイデアを形にしていく過程で学生たちは（そして相談相手をする私も）ああでもないこうでもないと呻吟しながら工夫を重ねることになる。フィールドワークを重視しているのは、机上の空論を避けて、具体的な現場を持って地に足の着いた思考をしてほしいという考えからだ。卒業研究は、学生にもよるが、半年、一年から長ければ二年以上をかけて準備される。外国語大学であるためか、海外への留学前からのテーマである場合には、長期戦になることは稀ではない。

留学に出かける学生には、気が向いた時にゼミのホームページの「留学・休学通信」というコーナーへの寄稿を依頼しているが、著者は続けて四本の記事をガーナにいる間に寄稿してくれた（本書には「オビビニとオブロニ」と「チュイ英語のナゾ」を所収）。留学からの帰国後もエッセイを書き続け、さらに挿絵となるイラストの作品群が加わって、卒業研究「拡大する「家族」～ケアでつながる現代ガーナ人社会～」へと成長していった。

東京外国語大学では卒業研究には卒業論文と卒業制作の二種類があり、学生はいずれかを選ぶことができる。ガーナからの帰国後しばらくして、著者は卒業研究の形式を、論文から制作に切り替えた。その理由は、自分が参与した世界の面白さを自身の感性でつかみ取ったままに表現してみたいということだったと思う。ガーナやアフリカのジェンダーや子育てについての文献を本人なりに読み込んだ上での判断だった。その時、「自分がフィールドで感じた本当に面白いことや情動は、論文の形では表現できないのではないか？」と疑問をぶつけられた。私は、「そう思うのなら、まずは制作の形で表現してみたらどうか？」と答えた。

家族というのは、人類学では古典的かつ大きなテーマで、研究の蓄積も厚い。著者の家族へのこだわりは、指導教員である私にもなかなかつかみきれないでいた。

アフリカ社会では、日本や欧米に比べてずっと広い範囲の人たちに対して「私の家族だ」という言い方をしたり、「兄弟」扱いするのはよくあることだからだ。往々にして親族集団が巨大であることもあるし、私が長く調査をしているカメルーンのように、少し仲良くなれば「俺たちは家族だ」という風に言ってのける文化もある。ただ、著者の話を聞いていると、血のつながった親族の話でもなければ日常会話の中の修辞表現《レトリック》の話でもなさそうだった。

人類学的なフィールドワークでは、自分で見たり経験したことを、何らかのデータに基づいて分析し、論理的に理解を深め、表現する。そこで、現地の人々が言う「家族」をそのまま受け取るのではなく、それが折々の文脈でどのような意味の広がりをもつ関係なのかを探るために、食や経済や会話など違う側面から定量的に把握してみることも提案したが、途中からコロナ禍になって渡航がかなわなくなったこともあり、著者はその方向には向かわなかった。著者は、人々の語りによって表現される、主観的な「家族」の世界の広がりに着目して自分のやり方でフィールドワークを続けた。そこから、家族が血縁のような基準に基づくものでもなければ、固定的な立場や関係性を表すために使われている訳でもないこと、物理的な距離によって必ずしも薄まるものでもないこと、しかし状況によっては消えることもあること、維持するには助け合ったり関わり続けたりといった世話が必要なものであることなどを確認していく(第五章)。

卒論ゼミでは、出来上がった作品である論文や制作をプレゼンテーションする場も重視していて、苦労して得た発見や気づきを、どのように他者に伝えるかを考えてもらうことにしている(一九〇頁)。著者は、世話(ケア)によって育まれる関係性についてポイントを絞り、一五万字のエッセンスを一五分でまとめてみせたのだった。本書をあえてひとつの研究として見れば、様々な経験を通じて探究の入口に立った著者の姿を表しているに過ぎないかもしれない。現地社会の家族や家族観により学術的にアプローチするには、対象とする現象を絞り込み、手続きを踏まえたデータの収集や分析、先行研究との突き合せが必須になるだろう。しかし今、本書を読み直してみて思うのは、この作品は著者の在学中に性急に論文の形にしてしまわなくてよかったということである。慌てて論文にしていたら、ずっとつまらないものになってしまったに違いない。

卒業研究を公刊するという試みについても、教員の立場から一言記しておきたい。近年、民族誌という手法は、文化人類学や社会学といった狭義の専門分野のみならず現代社会の幅広い現場や文脈において、知的協働のツールとして応用されるようになってきており、躍動感ある作品が学校教育、医療、地域社会などの様々な現場から生み出されている（例えば、清水・小國編 二〇二一）。訓練を受けた民族誌家のみが民族誌を書くことができるという特権的な立場は、今後ますます崩れていくだろう。公共的な実践としての民族誌が着目され、より社会へと開かれていこうとしている。このような民族誌の書き手をめぐる潮流を踏まえれば、プロの研究者ではない若者によって、生活者の視点から見た等身大の現代アフリカ社会の（そして日本社会の）姿が描かれていることに、一般書としての本書の価値があると言える。

徳島大学の内藤直樹らは、コロナ禍の中で留学中断を余儀なくされた学生たちの経験を、当事者である学生たちと文化人類学者との共同作品にまとめた（北野・内藤編 二〇二二）。内藤によれば、学生は「単なる啓蒙の対象」ではなく、「大学教育という制度についてともに考え、行動するうえでの協働相手である」（同書：二八九頁）。私はこの見解に同意する。この意味で言えば、本書が、学部課程における「卒業制作」の作品をもとにしていることも重要なことである。毎年度数多くの卒業論文・卒業制作が生産されているが、文書管理のルールにより、そのほぼすべてが数年後には廃棄される運命に置かれている。[1] 私には、学生たちの作品を公文書（法人文書）として位置づける見方は受け入れがたい。教育現場への敬意が欠けていると感じるからだ。また、学術的成果としては中途半端なものが多いとはいえ、文科系の卒業論文の中にも貴重なデータや独創的な成果が含まれ得ることは言を俟たないわけで、これらの教育研究や社会への還元に関心を持っている大学教員は少なくないと思う。本書の刊行が、ほとんど顧みられることのない作品としての「卒業論文」や「卒業制作」の意義や位置づけについての議論に一石を投じるものとなることを期待したい。

1――東京外国語大学では、令和四年三月の「法人文書管理規程」の改正により、「教育・研究関連文書」の保存期間が定められ、期限を過ぎたものは廃棄が義務付けられることになった。具体的には、卒業論文／卒業研究（五年）・修士論文（五年）、博士論文（三年）となっている。

参考文献

井出有紀（二〇一九）「書を捨てよ、村へ入ろう～フィールドワーク留学のすすめ～」TUFSアフリカ地域ウェブサイト（URL: https://sites.google.com/view/tufsafrica/）

北野真帆・内藤直樹編（二〇二二）『コロナ禍を生きる大学生——留学中のパンデミック経験を語り合う』昭和堂

児玉谷史朗・佐藤章・嶋田晴行編（二〇二一）『地域研究へのアプローチ——グローバル・サウスから読み解く世界情勢』ミネルヴァ書房

田中雅一（二〇〇七）「コンタクト・ゾーンの文化人類学誌へ：『帝国のまなざし』を読む」『コンタクト・ゾーン』1, 31-43.

大石高典・神代ちひろ編（二〇二〇）『外大生の見たアフリカ、アフリカ人学生の見た日本——留学体験記集二〇一六～二〇二〇』東京外国語大学

清水展・小國和子編（二〇二一）『職場・学校で活かす現場グラフィー——ダイバーシティ時代の可能性をひらくために』明石書店

著　者

小佐野 アコシヤ 有紀(Akosua Yuki OSANO)

東京外国語大学国際社会学部アフリカ地域専攻卒業(2020年度)。2018-2019年、交換留学生として約1年間ガーナ大学に在籍しながら、世話する・されることにより築かれる家族関係についてのフィールドワークを行なった。2023年現在、民間シンクタンクにて子ども・子育て、ケアラー支援分野などの調査研究事業に従事している。趣味はフィールドワークとインタビュー、森林散策、本を読むこと。

解　説

大石 高典(Takanori OISHI)

東京外国語大学大学院総合国際学研究院／現代アフリカ地域研究センター・准教授。博士(地域研究)。専門は生態人類学、アフリカ地域研究。著書に『民族境界の歴史生態学』(2016、京都大学学術出版会)、共編著に『アフリカで学ぶ文化人類学』(2019、昭和堂)などがある。

ガーナ流 家族のつくり方
世話する・される者たちの生活誌

2023年12月12日　初版第1刷発行
2024年7月26日　初版第2刷発行

著　者……………小佐野 アコシヤ 有紀
発行者……………林 佳世子
発行所……………東京外国語大学出版会
〒183-8534　東京都府中市朝日町3-11-1
TEL　042-330-5559
FAX　042-330-5199
E-mail　tufspub@tufs.ac.jp
装丁・組版………木下 悠
印刷・製本………シナノ印刷株式会社

ISBN978-4-910635-08-8
Printed in Japan